中国工人运动一百年大事记

（1921年7月—2021年7月）

中国工运研究所◎编

中国工人出版社

图书在版编目（CIP）数据

中国工人运动一百年大事记：1921年7月—2021年7月 / 中国工运研究所编. —
北京：中国工人出版社，2023.4
ISBN 978-7-5008-8167-4

Ⅰ.①中… Ⅱ.①中… Ⅲ.①工人运动—大事记—中国—1921-2021 Ⅳ.①K261.3

中国国家版本馆CIP数据核字（2023）第038055号

中国工人运动一百年大事记（1921年7月—2021年7月）

出 版 人 董 宽
责任编辑 罗荣波
责任校对 张 彦
责任印制 栾征宇
出版发行 中国工人出版社
地　　址 北京市东城区鼓楼外大街45号　邮编：100120
网　　址 http://www.wp-china.com
电　　话 （010）62005043（总编室）　（010）62005039（印制管理中心）
（010）62382916（工会与劳动关系分社）
发行热线 （010）82029051　62383056
经　　销 各地书店
印　　刷 宝蕾元仁浩（天津）印刷有限公司
开　　本 700毫米×1000毫米　1/16
印　　张 13
字　　数 130千字
版　　次 2023年6月第1版　2025年4月第3次印刷
定　　价 52.00元

目　录

1921年

7月23日，中国共产党第一次全国代表大会在上海开幕。大会通过中国共产党第一个纲领，明确提出党的根本任务是领导无产阶级进行革命斗争，消灭私有制，建立以公有制为基础的劳动群众当家作主的无产阶级专政国家；最终目标是消灭阶级和阶级差别，实现共产主义。大会通过中国共产党第一个决议，提出党在当时的基本任务是成立产业工会，开展工人运动。从此，在中国出现了完全新式的、以马克思列宁主义为指南的、以实现共产主义为目的、统一的工人阶级政党。中国产生了共产党，这是开天辟地的大事变，中国革命的面貌从此焕然一新。

8月11日，为大力开展工人运动，中国共产党成立了第一个公开领导工人运动的机构——中国劳动组合书记部，办公地点设在上海。主任张国焘，秘书李启汉，干事李启汉（兼）、李震瀛等。出版机关报《劳动周刊》。中国劳动组合书记部在上海成立总部之后，又相继在北京、长沙、武汉、广州、济南等地设立了分部机构。书记部举办工人学校，组织产业工会，开展工人运动。党在工人中和整个社会上的政治影响日益扩大。

1922 年

1 月 12 日至 3 月 8 日，香港海员罢工。这是中国工人阶级第一次直接和帝国主义进行针锋相对的斗争，也是中国共产党成立后全国第一次罢工高潮的起点。香港海员罢工的胜利，推动了全国工人运动的发展。从 1922 年 1 月至 1923 年 2 月的一年多时间，全国共发生罢工斗争 130 余起，形成了中国历史上第一次全国性的工人运动高潮。

5 月 1 日至 6 日，中国劳动组合书记部发起的第一次全国劳动大会在广州召开。出席大会的代表有 173 名，他们分别来自 12 个城市、110 多个工会，代表着 34 万名会员。大会通过了十项决议案：《八小时工作制案》《罢工援助案》《全国总工会组织原则案》《统一全国工会旗帜及徽章案》《规定湖南劳工会黄、庞死难日为纪念节日案》《规定海员罢工沙田烈士死难日为纪念节日案》《铲除工界虎伥案》《组织全国人力车夫联合会案》《规定明年在汉口召开第二次全国劳动大会案》《在全国总工会未成立前，承认中国劳动组合书记部为全国总通讯机关案》。大会提高了中国劳动组合书记部的威信，确立了中国共产党在全国工人运动中的领导地位。

7 月，中国共产党召开第二次全国代表大会。大会指出，中国共产党是中国无产阶级政党，它的目的是要组织无产阶级，铲除私有财产制度，渐次达到一个共产主义的社会。这是党的最终奋斗目标，是党的最高纲领。党的最低纲领，是消除内乱，打倒军阀，建设国内和平；推翻国际帝国主义的压迫，达到中华民族完全独立；统一中国为真正的民主共和国。大会通过《关于“工会运动与共产党”的议决案》，分析了中国工人运动的现状，确定了工会的性质、任务和方针，明确了党对工会的领导作用以及中国工会和国际工会的关系。

8 月，中国劳动组合书记部发布《劳动法大纲》，号召全国工人开展劳动立法运动。《劳动法大纲》的主要内容是：承认劳动者有集会、结社、罢工和缔结团体契约及与国际联合的民主权利；实行八小时工作制，每星期有一天休息，需要延长工作时间时，必须得到工会同意；禁止雇佣 16 岁以下的童工，保护女工；保障男女工人享受补习教育的机会。

同月，长辛店爆发铁路工人大罢工。

9 月，在毛泽东、李立三、刘少奇的领导下，安源路矿工人 1.7 万人进行罢工，并取得了胜利。

10 月 23 日，开滦煤矿工人开始举行罢工。

1923 年

2 月 4 日，京汉铁路工人为争取成立京汉铁路总工会，举行了总同盟罢工。2 月 7 日，吴佩孚实行血腥镇压和疯狂屠杀，打死工人 52 人，打伤 300 余人，被捕者 60 人，还有 1000 多人被开除出工厂，流亡在外，造成了震惊中外的“二七”惨案。京汉铁路大罢工最终失败，中国工人运动转入低潮。但是，它扩大了中国共产党在全国人民中的影响，充分显示了中国工人阶级大无畏的革命精神和严格的组织纪律性。

6 月 12 日至 20 日，中国共产党第三次全国代表大会召开。这次会议主要讨论和通过了与国民党建立革命统一战线的决定，以推动国民革命运动的顺利发展，并决定采用共产党员以个人身份加入国民党的方式来实现国共两党的合作。大会通过的《劳动运动议决案》指出：中国目下劳动运动方取守势，恢复工会的口号须在被封工会各工友中宣传；劳动组合书记部今后之责任，为组织天津、哈尔滨、山东、上海等处已组成路矿工会以外之各种工会；省、港、澳三方面产业的及手工业的工人组织，须适合国民运动口号作统一运动。党的三大为处于低潮的工人运动指明了方向。

1924 年

1 月 20 日至 30 日，在中国共产党的参与下，中国国民党第一次全国代表大会在广州召开。国民党一大在事实上确定了联俄、联共、扶助农工三大革命政策，标志着第一次国共合作的实现，这促进了工人运动的恢复和发展。

2 月 7 日，中华全国铁路总工会在北京秘密成立，选举孙云鹏为委员长。

7 月 15 日，广州沙面工人为反对英法帝国主义侮辱中华民族的新警律而进行罢工。经过30多天的斗争，罢工取得胜利，这是工人运动由低潮转向高潮的信号。

1925年

1月11日至22日，中国共产党召开第四次全国代表大会。大会对革命形势、无产阶级在革命中的领导权、工农联盟、其他阶级在革命中的作用等问题做了比较系统的探讨。大会通过《对于职工运动之决议案》，认为工人阶级当前最重要的任务就是发展自己独立的职工运动，同时参加民族革命以取得其领导地位；工人阶级必须成为独立的政治势力，各种产业工人尤其要力求其完全在我们共产党指导之下，成为纯阶级性的独立组织，并在其中尽力发展我们自己党的组织。中共四大结束后，全国革命和工人运动迅速发展，预示着全国革命高潮即将到来。

2月，上海日商纱厂工人举行罢工，并取得胜利。4月，青岛日商纱厂工人举行罢工，并取得胜利。

为了指导和推动全国工人运动的进一步发展，实现全国工人运动的统一和团结，中国共产党决定召开第二次全国劳动大会。5月1日，第二次全国劳动大会开幕。到会代表281人，代表着166个工会、54万名会员。大会通过《工人阶级与政治斗争决议案》《经济斗争决议案》《组织问题决议案》《工农联合决议案》《对于赤色职工国际代表的决议案》《铲除工贼决议案》《工人教育决议案》等30多个决议案以及《中华全国总工会总章》。第二次全国劳动大会在组织上的硕果，是中华全国总工会的成立。按照会议通过的《中华全国总工会总章》的规定，选举了中华全国总工会执行委员25人组成执行委员会。

5月7日，中华全国总工会全体执行委员召开第一次会议，推选林伟民为委员长，刘少奇、邓培、郑绎生为副委员长。办公处设于广州。共产党在中华全国总工会内部设立党团，邓中夏任书记。大会还决定中华全国总工会加入赤色职工国际。中华全国总工会的诞生，标志着全国工人阶级在中国共产党的领导下正式实现了全国工会在政治上和组织上的团结与统一，揭开了中国工人运动新的篇章。

上海日商纱厂二月罢工结束后，纱厂工会组织迅速扩大，引起日本资本家的恐惧和仇视。5月15日，日本帝国主义枪杀共产党员、工人顾正红。惨案发生后，中共中央和中共上海地委号召工农商学各界援助罢工工人，掀起一个群众性反对东洋人杀害中国人的运动。5月30日，上海工人和学生在中国共产党的领导下，进入租界演讲示威，散发反帝传单。帝国主义出动大批巡捕，逮捕讲演的工人和学生。近万名群众要求释放被捕者，帝国主义实施镇压，共打死13人，重伤数十人，轻伤无数，另有50余人被捕，这就是震惊中外的“五卅”惨案。“五卅”惨案发生以后，一个席卷全国的反帝爱国斗争高潮兴起。

6月，省港大罢工爆发，坚持斗争达16个月之久。在省港大罢工的深刻影响下，广东地区工人运动向纵深发展，开创了省港工人运动的新局面。随着“五卅”运动的深入，全国各地工会组织迅速发展，形成了工会蓬勃发展的局面。

12 月 1 日，毛泽东发表《中国社会各阶级的分析》，强调中国现代工业无产阶级约 200 万人，是中国新的生产力的代表者，是近代中国最进步的阶级，做了革命运动的领导力量。

1926 年

5 月 1 日至 12 日，第三次全国劳动大会召开。出席大会的代表共 502 人，代表着 699 个工人团体、124 万多名会员。邓中夏致开幕词，刘少奇作《一年来中国职工运动的发展》的报告，李立三致闭幕词。大会通过了《中国职工运动总策略》《组织问题与其运用之方法》《经济斗争最近目标与其步骤》《罢工战术》《劳动法大纲》等文件。大会选举执行委员 35 人，候补执行委员 17 人，组成以苏兆征为委员长、项英为副委员长、刘少奇为秘书长的中华全国总工会新的领导机构。第三次全国劳动大会对动员组织全国工人阶级准备迎接和支援北伐战争发挥了重要作用。

7 月 9 日，国民革命军正式誓师北伐，为工人运动的发展创造了有利条件。

7 月 25 日，为支持北伐，反对国民党右派反共反工农活动，中华全国总工会发表《对国民政府出师北伐宣言》。宣言强调应该颁布保护劳工的劳动法和发展工人运动的工会条例，工人应有集会、结社、言论、出版、罢工的自由。这个宣言，对北伐战争胜利进军中的工人运动具有重要的指导意义。

为了配合北伐战争的胜利进军，10月23日，中共上海区委领导上海工人进行第一次武装起义，起义因遭到镇压而失败。

12月，湖北开办工人运动讲习所，共产党员许之祯任所长。李立三、刘少奇、董必武、陈潭秋等人曾担任教员，讲授革命理论和工人运动知识，培养了一批工会干部。

1927年

随着全国革命的中心转移到武汉，1月3日，中华全国总工会在汉口召开执委会议，决定在本年“二七”惨案纪念日之前，完成中华全国总工会机关北迁武汉的工作，北迁后在广州设办事处。

1月，英帝国主义在汉口、九江制造流血事件。工人阶级和其他群众紧密团结、顽强斗争，推动和促使汉口、九江的英租界在2月被收回。

2月11日，中华全国总工会在汉口正式对外公开。同时，撤销汉口办事处。

2月20日，中华全国总工会在汉口举行执行委员扩大会议，通过了《全国工人阶级目前行动总纲》。这个总纲以第三次全国劳动大会的决议为基础，适应北伐以来形势的发展变化，为全国工人阶级提出了新的行动纲领和要求。

2 月 22 日，中共上海区委领导上海工人进行第二次武装起义，起义再次因遭到镇压而失败。

3 月 21 日，在中国共产党的领导下，上海工人进行第三次武装起义。起义获得胜利，推翻了北洋军阀在上海的统治。

4 月 12 日，蒋介石发动反革命政变，袭击工人纠察队驻地，占领了上海总工会会所，打死工人 60 余人，打伤 220 余人。这是大革命从高潮走向失败的转折点。

4 月 27 日至 5 月 9 日，中国共产党第五次全国代表大会在武汉举行。大会批评陈独秀的右倾机会主义错误，通过《中国共产党第五次全国代表大会宣言》《政治形势与党的任务议决案》《职工运动议决案》等文件。

6 月 19 日至 28 日，第四次全国劳动大会在汉口召开。出席大会的代表共 420 人，代表着全国有组织的工人 290 多万人。大会由苏兆征主持，李立三致开幕词并作政治报告，刘少奇作《全国总工会会务报告》；大会通过《国民革命的前途和工会的任务》等文件，选出执行委员 35 名、候补执行委员 20 名，组成以苏兆征为委员长、李立三为秘书长的新的中华全国总工会执行委员会。第四次全国劳动大会在中国革命处于危急的时刻，立场鲜明地声讨蒋介石等国民党反动派背叛革命、屠杀工农的罪行，使工人阶级认识到建立工农小资产阶级联盟及加强工人武装的重要性。

7月15日，汪精卫发动反革命政变。随后，汪精卫集团封闭中华全国总工会，通缉工会领袖。这标志着轰轰烈烈的大革命失败。在汪精卫发动反革命政变前后，从1927年5月中旬到11月，全国被杀害的共产党员和工农群众达16.8万余人。

8月1日，在中共中央前敌委员会领导下发动了南昌起义，打响了武装反抗国民党反动派的第一枪。此后，中国共产党先后发动了上百次武装起义。虽然这些起义大都失败了，但从中诞生了红军，建立了苏维埃政权，更重要的是从此走上了农村包围城市、武装夺取政权的道路。各地工人积极参加共产党领导的武装起义和创建农村革命根据地的斗争，在其中发挥了骨干作用，作出了巨大的牺牲和贡献。在城市，工人群众开展了反抗国民党白色恐怖的斗争。

8月7日，中共中央在汉口召开紧急会议（八七会议），确定实行土地革命和武装起义的方针，中国革命开始了土地革命战争的新时期。会议规定工会的任务是在领导工人阶级进行反抗压迫的政治斗争和反抗一切剥削的经济斗争的同时，注意武装工人及进行暴动巷战等军事训练，时刻准备推翻反动政权。八七会议指导工人运动的大方向是正确的，缺点是没有根据工运处于低潮的形势调整斗争策略，在反对右倾错误的时候，没有注意防止“左”倾错误。

11月，中共中央召开临时政治局扩大会议。会议否定中国革命转入低潮的状况，错误地决定实行全国武装暴动的总策略，要求立即开始全国工人的经济罢工和反军阀战争的争斗，坚决发展与巩固秘密工会的工作；提出在大力发展赤色工会中，厉行红色恐怖去对付右派工会的委员也是可以的。这一指导方针给工人运动造成了严重的危害。

1928年

2月8日至12日，中华全国总工会在上海秘密召开第四次全国劳动大会第一次执委扩大会议，通过了《全国总工会目前总任务决议案》等文件。会议注意到当时全总所属各省工会差不多完全瓦解，以前的工会下层领袖在各处牺牲甚多，以致工会与群众关系隔断、不能公开领导群众斗争等严重情况，提出了工会工作到群众中去、办小规模的消费事业组织等正确意见。会议还对全国工会进行了组织整顿，全总正式组成以苏兆征为委员长的常务委员会，下设秘书处和组织部、宣传部、青工部等机构，同时建立与各地革命工会的联系，并加强对上海、香港等地工会工作的指导。

6月18日至7月11日，中国共产党第六次全国代表大会在苏联莫斯科召开。大会明确指出中国革命现阶段的性质是资产阶级民主革命，批评了混淆民主革命与社会主义革命界限的所谓“不断革命”论的观点。大会强调：当前中国的政治形势是处在两个革命高潮之间，即低潮时期，党的总任务不是进攻，不是组织起义，而是争取群众。大会通过《职工运动决议案》，要求革命工会应当领导工人日常生活的经济斗争去团结群众，而不是动辄组织政治罢工和暴动；在组织罢工时，斗争口号不宜过高，一切罢工都需要有非常谨慎的预备。这些正确的策略思想，对工人运动的恢复和发展起到了一定的作用。

中共六大以后，为加强对工人运动的领导，中共中央设立了以项英为书记的工人运动委员会，健全了中华全国总工会的领导机构。

1929 年

2 月 17 日至 20 日，为贯彻中共六大精神，中华全国总工会在上海秘密召开第二次执委扩大会议，通过《全国职工运动之目前总任务》等决议案。会议在白区职工运动的策略等问题上有所改进，但仍然有较大的局限性。

5 月 19 日，中共中央政治局开会专门讨论“五卅”行动，决定在上海举行示威游行，并组成以李立三为首的 12 人“五卅”行动委员会。

5 月 30 日，在中共中央和中华全国总工会的领导下，上海各区工人和革命群众 3000 余人不顾严重的白色恐怖，在南京路等主要街道上举行集会和示威游行，结果有 100 余人被捕，使革命力量遭到很大损失。

11 月 7 日至 11 日，第五次全国劳动大会在上海秘密召开。出席大会的有五个产业工会、八个省市地方工会的代表共

29 人。中共中央的祝词认为，中国的革命正在开始复兴，世界革命的高潮将要到来，号召全国工人阶级起来斗争。祝词把黄色工会看作工会运动的最大敌人，要求把反对黄色工会作为目前革命工会的第一大任务。大会通过《工会组织问题决议案》《对黄色工会问题决议案》等文件，选举由项英、邓中夏等人组成的第五届执行委员会，项英当选为委员长。五次劳大在“左”倾错误思想指导下，否定和放弃了工人运动中形成的一些正确做法，肯定和发挥了根本不符合中国工人运动实际的“左”的策略。

1930 年

随着革命根据地的建立和扩大，苏区工会也发展起来，并且承担起新的历史任务。设在上海并以白区城市工作为中心的中共中央和全国总工会逐步加强了对苏区工人运动的领导。

2 月，中共闽西特委第二次扩大会议通过《关于工人运动决议案》，强调赤色区域各业工会要尽快发展。到 1930 年夏，闽西苏区各县都恢复或重建了总工会及其下属各业工会，共有工会会员 15000 余人，并建立了闽西总工会筹备处。

5 月，中共中央和中华全国总工会联合发起在上海秘密召开全国苏维埃区域代表大会，出席会议的有各地工人、农民、士兵及工会等群众团体代表 38 人，大会通过《全国革命的形势和苏维埃的任务》《苏维埃组织法》《土地暂行法》《劳动保护法》等文件，确定了为全国苏维埃政权而斗争的任务和策略。

6月11日，中共中央政治局会议通过李立三起草的《新的革命高潮与一省或几省首先胜利》决议，形成系统的“左”倾冒险主张。决议对整个革命形势和工人运动的形势作出根本性错误的估计，断定全国范围内已经有了直接革命的形势，提出准备一省或几省的首先胜利，建立全国革命政权是党目前战略的总方针；强调组织政治罢工，扩大到总同盟罢工，加紧工人武装的组织与训练，以树立武装暴动的中心力量，是准备一省或几省首先胜利的主要策略。为了贯彻这个决议，中共中央制订了以武汉为中心的全国中心城市武装起义和集中全国红军攻打中心城市的计划，并将共产党、共青团、革命工会的各级领导机关合并组成各级行动委员会，作为实现这一计划的各级指挥机关，停止了党、团、工会的正常活动。

在执行的三个多月里，白区有11个中共省委机关遭到破坏，上海、武汉等大城市的党组织和革命工会组织几乎全部瓦解，白区革命工会会员人数急剧下降。9月，中共扩大的六届三中全会停止了这一冒险行动。

10月，中华全国总工会召开常委扩大会议，决定立即选派干部去苏区建立全总执行局。

12月，中华全国总工会规定，苏区工会要组织六种工会：产业工会、雇农工会、苦力工会、运输工会、店员工会、手工业工会。这六种工会都属于与地方总工会并行的产业总工会系统。

1931年

1月7日，中国共产党扩大的六届四中全会在上海召开。王明（陈绍禹）实际掌握了中共中央的领导权。以王明为代表的“左”倾教条主义错误在党的领导机关内开始了长达四年的统治。在此期间，党领导的工会工作遭到严重损失。

3月，全总苏区执行局在吉安县富田镇正式成立。同年7月，全总苏区执行局经兴国迁至瑞金，苏区工人运动有了统一的组织领导。

9月18日，日本帝国主义制造“九一八”事变，开始大举侵略中国东北。东北各阶层人民和爱国官兵纷纷组织抗日义勇军等各种形式的抗日队伍。工人阶级在抗日救亡运动中发挥了积极的作用，上海、广州、香港、厦门、重庆等许多地方的在日本人经营的工厂、商店、轮船、码头工作的中国工人，不顾失业的痛苦，自动离职、罢工，表示抗议。“九一八”事变后中国人民奋起抵抗，成为中国人民抗日战争的起点，同时揭开了世界反法西斯战争的序幕。

秋季，刘少奇担任中共临时中央职工部部长、中华全国总工会组织部部长。他上任不久就给临时中央写信，阐述了关于工人运动的意见。他提出目前工人最迫切的要求是反对减少工资和增加工时，反对开除和解散工会，因此工人斗争是防御性的斗争。

11 月，中华苏维埃第一次全国代表大会在瑞金召开，正式宣告中华苏维埃共和国临时中央政府成立。大会颁布《中华苏维埃共和国劳动法》，从法律上保障苏区工人的政治地位和劳动经济权益，同时规定了工会在苏区的权利义务及其组织办法。这有利于改善苏区工人生活，促进苏区工会运动的发展，发挥苏区工人和工会在根据地建设和革命战争中的积极作用。

12 月 20 日，以毛泽东为主席的中华苏维埃共和国中央执行委员会通过《关于实施劳动法的决议案》，决定从 1932 年 1 月 1 日起正式生效实施。

1932 年

2 月 7 日，在全总苏区执行局的领导下，闽赣两省工人代表大会在瑞金召开。会议通过《职工会在苏维埃中的任务决议案》等八个决议案，明确了巩固苏维埃政权、发展革命斗争的 10 项任务。

5 月 5 日，由全总苏区执行局发起，在瑞金建立苏区反帝总同盟筹备委员会。

6 月 23 日，苏区反帝总同盟第一次代表大会在瑞金召开，宣告苏区反帝总同盟正式成立。

9 月，中华全国总工会常委会通过《为工会会员问题给苏区工会的信》，规定：凡是承认工会的章程，以出卖自己劳动力为生活资料的唯一来源（无产阶级）或主要来源（半无产阶级）之工人、雇农、店员、苦力等，不论他的年龄、性别和籍贯及宗教信仰与政治见解如何，均可加入工会为会员。

1933 年

年初，中华全国总工会随中共中央由上海迁入中央苏区瑞金，撤销了原全总苏区执行局，改设全总苏区中央执行局，同时保留中华全国总工会名义，用以指导全国工人运动。改组后的全总苏区中央执行局，以刘少奇为委员长。

中华全国总工会迁入苏区后，把筹备建立产业工会作为重要任务，在 1933 年 4 月至 1934 年 7 月，先后召开中国农业工人、中国店员手艺工人、中国纸业工人、中国苦力运输工人、苏维埃国家企业职工等代表大会，分别建立了五个中华苏维埃共和国的产业工会。

10 月 15 日，中华苏维埃共和国临时中央政府公布经过修正的《中华苏维埃共和国劳动法》，它在许多重要条款上增加了可以根据苏区实际情况灵活执行的规定，为各苏区纠正“左”倾错误提供了重要的法律依据。

这一年，中华苏维埃共和国临时中央政府加强对经济工作的领导，要求各级苏维埃政府动员群众立即开展经济战线上的运动，要使工会动员它的会员群众都加入经济战线上来。各苏区动员和组织工人积极参加苏区的经济建设与打破敌人封锁的斗争，并作出了重要贡献。

1934 年

1 月，中国共产党六届五中全会召开，通过《关于白色区域中经济斗争与工会工作的决议》，强调扩大罢工，组织同盟罢工；强调发展赤色工会，建立赤色反对派。会后“左”倾错误的贯彻执行，使国统区革命力量几乎损失殆尽。

从 5 月开始，为了保障红军作战和预备突围转移的军用物资，苏区各国营工厂和私营作坊开始加班加点进行生产。

10 月 10 日，中共中央率红一方面军开始撤离中央苏区，进行战略大转移。各地苏区工会和工人采取各种可能的方式，配合和援助红军的这一战略行动。

苏区工会尽管在“左”倾错误路线影响下经历了曲折，但它在中国的新民主主义革命中作出了重要的历史贡献。毛泽东提出，苏区工会是苏维埃政权的柱石，是保护工人利益的堡垒，同时又成为广大工人学习共产主义的学校。

1935 年

1 月，中共中央政治局在长征途中举行遵义会议，事实上确立了毛泽东同志在党中央和红军的领导地位，开始确立以毛泽东同志为主要代表的马克思主义正确路线在党中央的领导地位，开始形成以毛泽东同志为核心的党的第一代中央领导集体，开启了党独立自主解决中国革命实际问题新阶段，在最危急关头挽救了党、挽救了红军、挽救了中国革命，并且在这以后使党能够战胜张国焘的分裂主义，胜利完成长征，打开中国革命新局面。这在党的历史上是一个生死攸关的转折点。红军长征所到之处，发动群众建立工会、农会等革命团体，推动了当地工人运动的发展。

5 月，日本帝国主义发动了以侵吞华北五省为直接目的、进而图谋灭亡全中国的“华北事变”。

8 月 1 日，中共驻共产国际代表团草拟《中国苏维埃政府、中国共产党中央为抗日救国告全体同胞书》（八一宣言）。宣言指出，中华民族已处于生死存亡的关头，抗日救国是全体中国人面临的首要任务。呼吁全国各党派、各军队、各界同胞，不论过去和现在有任何政见和利害的不同，有任何敌对行动，都应当停止内战，集中一切国力去为抗日而奋斗。

10 月 22 日，中共中央政治局在吴起镇召开会议，决定撤销原全总苏区中央执行局，建立全总西北执行局，负责领导陕北苏区和附近国民党统治区的工人运动，同时继续保留中华全国总工会的名义。

12 月 9 日，在中国共产党的领导下，北平学联组织学生冲破国民党的高压政策，举行一场声势浩大的游行请愿，反对日本对华北的侵略和国民党的卖国政策，喊出了“停止内战，一致抗日”的口号。北平学生的一二·九运动，立即得到广州、南京、上海、武汉、天津、太原、重庆、成都等许多城市的学生、工人及其他各界爱国人士的响应，迅速在全国掀起了抗日救亡运动的新高潮。

12 月 17 日至 25 日，中共中央政治局在陕北瓦窑堡召开扩大会议，确定抗日民族统一战线的策略方针。会后，毛泽东作报告，系统阐述这一方针。

12 月 18 日，中华全国总工会发出《为援助北平学生救国运动告工人书》，号召全国职工一致团结，反对日本帝国主义的侵略，支援学生的爱国行动。

1936 年

春季，中共中央派刘少奇到天津任中共中央代表、北方局书记，负责领导国统区的工作。刘少奇认真贯彻抗日民族统一战线的新政策，全力纠正党在思想、组织及领导群众斗争策略等方面存在的严重的“左”倾冒险主义和关门主义错误，使北方局的工作得到恢复和发展。

10 月，张闻天发表为白区工作训练班写的《关于白区工作中的一些问题》，对党在国统区工作中处理公开工作与秘密工作的关系、指导群众斗争的策略等问题，提出了许多正确的意见。

11 月 8 日至 27 日，中国共产党领导上海日商纱厂工人进行罢工；11 月 17 日至 12 月 14 日，青岛日商纱厂工人进行罢工。上海、青岛日商纱厂工人罢工，打破了大革命失败后国统区工人运动的局面，对工人运动的恢复和发展具有积极的推动作用。

12 月 12 日，张学良、杨虎城发动西安事变，扣留蒋介石。中共中央确定和平解决事变的方针。经过谈判，迫使蒋介石作出“停止剿共，联红抗日”的承诺。西安事变的和平解决，成为时局转换的枢纽。在抗日的前提下，国共两党实行第二次合作已成为不可抗拒的大势。

1937 年

3 月，中华全国总工会西北执行局通过《关于改善目前工会工作的决议》，强调不应机械地按照行政区划来建立工会的组织系统，而应该实行哪里有工人群众就在哪里建立工会的组织原则，确立了以生产和地区的组织原则来改组过去单纯按地区建立的各级工会，并且决定把根据地工会工作的中心放在城市工人中、国家工厂中以及产业工人中。

5 月，中共中央在延安召开党的全国代表会议（当时称苏区党代表会议）。张闻天在会议的开幕词中强调，抗日民族统一战线形成以后，战争的最前线已经从苏区转移到白区了，但是在白区群众工作中长期存在的关门主义还没有能够克服，因此，必须大大加强白区党的组织与领导。中共中央决定，在苏区党代表会议闭幕后，召开白区工作会议。5 月 17 日至 6 月

10日，党的白区工作会议召开。刘少奇在会议上作《关于白区的党和群众工作》的报告，明确提出在新的历史时期党在白区的任务，是要使我党变成伟大群众的党，要使千百万群众团结到党的周围，准备党和群众的雄厚力量去迎接抗日战争的到来。这些会议对于实现工人运动适应国内战争向民族战争的转变起到了重要的积极作用。

6月19日，中华全国总工会西北执行局召开边区干部会议，宣布建立陕甘宁边区总工会筹备委员会，主任由全总西北执行局主任刘长胜兼任，其他各部人选也多与西北执行局相同。原下设的省工会都改为分区工会。

7月7日，日本侵略军发动卢沟桥事变，当地中国驻军奋起抵抗。8日，中共中央向全国发出通电，指出：平津危急！华北危急！中华民族危急！只有全民族实行抗战，才是我们的出路！卢沟桥事变标志着日本帝国主义发动了全面侵华战争，也标志着中国人民抗日战争的全面爆发，即全国抗战的开始。中国的全民族抗战在世界东方开辟了第一个大规模反法西斯战场。

7月15日，中共代表周恩来等将《中共中央为公布国共合作宣言》交给蒋介石。9月22日，《中共中央为公布国共合作宣言》由国民党中央通讯社发表。23日，蒋介石发表实际上承认共产党合法地位的谈话。中共中央的宣言和蒋介石谈话的发表，宣告国共两党重新合作和抗日民族统一战线形成。

8月22日至25日，中共中央在陕北洛川召开政治局扩大会议。会议指出，必须坚持统一战线中无产阶级的领导权，在敌人后方放手发动独立自主的山地游击战争，在国民党统治区放手发动抗日的群众运动。会议通过《中国共产党抗日救国十大纲领》和《中共中央关于目前形势与党的任务的决定》，标志着党的全面抗战路线的正式形成。

8月，中国共产党发出《中央关于抗战中地方工作的原则指示》，提出在抗战中应该领导改善工人生活的斗争，但是斗争的方式要适合于抗战的利益。在具体的工会运动方针上，中华全国总工会就职工运动的经验及转变方式做出了决定，并指出，发动整个工人阶级参加抗日战争，这是具有第一等的重要意义。在总的原则上，对日本资本的斗争，应该是对立的态度，在其他资本方面，应该是和平的合法的，在某种不可能负担的状况下，应以民族利益为前提而做不得已的牺牲与忍耐，这是目前职工运动的根本原则。工会运动的基本方针是，与各抗日党派、抗日团体建立统一战线，在统一战线中，把工人组织起来，积极参加战争的各方面工作，在抗战中去解决工人失业、饥饿的问题，改善工人阶级的政治、经济、文化的地位，以形成抗战建国的力量。

10月17日，中共中央在党内发布了《关于开展全国救亡运动的指示》，要求从事工人运动的共产党员，不应拒绝参加国民党所包办的、有群众的抗敌后援会，以便争取后援会的群众走上积极抗日的道路，并利用后援会的合法组织与其中的积极分子，开展群众的救亡运动。

1938年

3月1日，中共中央致书国民党临时全国代表大会，提出由各党派、各团体拟定统一战线纲领，由各方代表组成由上而下（即中央与地方）的统一战线组织；将已有组织的群众团体加以健全和充实，把无组织的民众组织到各种群众团体中去，按地域原则，在各地组织统一的全国性的领导机关。

3月初，在中国劳动协会负责人朱学范的倡议下，以全国邮务工会、中华海员总工会、中国劳动协会、上海市总工会、粤汉铁路工会、中国出席国际劳工大会同人会等18个工人团体的代表为委员，在汉口成立了中国工人抗敌总会筹备委员会。

4月，陕甘宁边区总工会筹备委员会在延安召开了边区工人第一次代表大会，正式建立了陕甘宁边区总工会。此后，边区总工会积极开展组织建设工作，建立、整顿和巩固各级工会组织。

10月，鉴于中华全国总工会实际上停止了活动，中共中央为了加强对全国特别是对各抗日民主根据地工人运动的领导，决定筹备建立中共中央职工运动委员会。

截至1938年10月，在陕甘宁边区总工会下面，共有县工会20个、区工会116个、乡工会546个、工厂工会七个。全区共有工会会员36000余人，其中：乡村雇工占65%，手工业工人占 28%，产业工人占 7%。

1939 年

2 月 2 日，毛泽东在延安生产动员大会上动员全边区军民开展大生产运动。边区总工会积极响应中央号召，专门成立了生产办公室，这个办公室既管上面机关单位的生产，又管下面厂矿企业的工业和农副业生产。

4 月 19 日，中共中央职工运动委员会在延安正式成立。中共中央职工运动委员会成立后，接办了原属抗大的职工大队，改名为延安工人学校，为开展工人运动和发展边区工业生产培养工人干部。

4 月 28 日，中共中央在《“五一”节宣传要点》中提出，中国工人阶级当前的任务是：发挥工人阶级在抗战建国中的先锋和模范作用，反对一切投降主张，坚持持久战；加强工人运动的统一战线，巩固和扩大工人组织；加强对工人的民族革命教育，培养工人干部；肃清敌探汉奸汪派在工人运动中的阴谋和破坏；加强国防建设，增强抗战建国的力量，改善工人生活，把抗战进行到底。

4 月，中共中央发出《关于开展职工运动与“五一”工作的决定》，强调工人运动必须贯彻与各抗日党派、各抗日团体进行统一战线的方针，依据各地不同的情况，运用一切可能去组织各种工人团体，把工人组织起来，解决工人失业、饥饿的问题与改善工人阶级的政治经济文化地位，以增加抗战建国的力量。

12月，邓发在《论抗日根据地职工会的基本任务》一文中指出：由于抗日根据地职工会所处的地位与环境的不同，它的基本任务不是一般的组织罢工示威来反对内部的政治压迫与经济剥削，而是反对外部的主要敌人——日本帝国主义。基于这样的认识，他为抗日民主根据地的工会提出了四个方面的任务：第一，广泛地动员工人武装参战，并积极参加有利于抗战的生产；第二,一切为着巩固抗日政权，努力参加根据地的民主建政工作，推行政府法令，维护革命秩序；第三，巩固和扩大职工会组织，使之成为广大职工“自己的堡垒”和“民主的团体”；第四，以马列主义原则教育工人群众和工会干部，并广泛地动员工人参加当地的国民教育和社会教育。

1940年

2月7日，在延安恢复创办的《中国工人》发表毛泽东为该刊写的《发刊词》。

9月18日，中共中央在党内接连下达了关于开展敌占城市工作的通知。通知要求，各地党委建立城市工作部门，依靠农村根据地打入城市，积极开展工作，以消除党与大城市的隔离状态。通知强调，如果没有长期艰苦的城市工作的配合，抗日战争的最后胜利是不可能的。以后，党的高级领导机关便确定开展敌后城市工作的推动中心与据点，着手培训与派遣干部。

12月3日，中共中央在党内下达《关于各抗日根据地劳动政策的初步指示》。该文件肯定前一时期各根据地从政治、经济、文化各个方面改善工人阶级的生活地位，并广泛发动工人群众参加抗日战争的政策是正确的，组织工人的工作是有成绩的。但同时指出，在执行劳动政策中存在着过“左”的偏向。文件认为：为了不使根据地经济发展遭受不利的影响，不致造成尖锐的阶级对抗和工农对立，这种倾向必须纠正。

这一年，边区党委和政府发出了为争取工业品的半自给而奋斗的号召，并确定“集中领导，分散经营”的管理方针，着手改进工业生产的领导。经过连续两年的努力，边区工业生产有了较大的发展。

据中共中央职工运动委员会的不完全统计，到1940年，华北地区主要由产业工人组织的游击队共有26个，其中在200人以上的游击队有九个。单是山东省的淄博矿区武装队，胶济、津浦、张博铁路工人支队，以及胶东工人营，便拥有5000人。以太原工人为主体组成的工人武装自卫队，后来发展成一个旅的建制，即二〇五旅，人数达5000余人，成为山西新军的一支劲旅。

1941年

1月，陕甘宁边区总工会发出《工会工作方向》《组织工作方向》和《文教工作方向》三个重要文件，要求各级工会领导人积极参加经济建设，保证完全实现边区政府当年经济计划，要求各工厂工会提高工人的劳动积极性和生产技术，发起组织劳动竞赛、奖励劳动英雄；要求农村工会响应政府开荒60万亩的号召，动员工人开荒，改善种植方法，动员工人家属和女工参加当地的纺织合作事业。

3月20日，中共中央发布《劳动政策提纲（草案）》，从理论上阐述了中国工人阶级的历史使命，分析了各种“左”的偏向产生的社会历史根源，并对一些问题作出具体的规定。该提纲列举了中国工人所受的重重压迫和各种的非人待遇之后，指出中国工人阶级不得不起来为改变自己的生活和法权地位而斗争。因此，如果不能给工人阶级生活状况、政治地位立即的、必要的改善和提高，则无法发动千百万工人群众积极参加斗争，亦就无法获得当前的民族解放战争的胜利。但是，中国工人阶级不是只看到自己的利益，只图获得自己生活舒适的目光如豆的工团行会主义者。相反，中国工人阶级懂得只有经过民族的解放，才能走向自己社会解放的道路，他懂得作为中华民族解放运动的领袖是中国工人阶级的责任和义务。

3月，陕甘宁边区总工会颁发了《关于迎接“五一”生产大竞赛的各项办法》和《奖励模范劳动者的办法》。新华印刷公司、新华化学厂、农具工厂等延安附近的29个工厂和绥德的九个厂积极响应边区总工会的号召开展了生产竞赛，有些小厂也参加了。通过竞赛，延安29个厂产值超过计划的43.6%，涌现出劳动英雄274名。绥德九个厂产值超过计划的60%，选出甲等劳模10名，乙等劳模30名，生产上创造出许多新纪录。

4月4日，中共中央城市工作委员会下达《中共中央城委关于敌后大城市群众工作的指示》，提出利用合法形式，建立广泛的社会统一战线，争取社会掩护，深入群众之中的策略与方法。

1942年

春季，中共中央发动了具有深远历史意义的整风运动。4月21日，中共中央在《关于五一节的指示》里要求，各抗日根据地党和工会组织根据整风精神改造各根据地工会工作，深入肃清职工运动中的主观主义、宗派主义和党八股的思想方法和工作作风的残余。

4月24日，中共中央发出《对晋东南抗日根据地职工运动的指示》，指出工会整风中必须首先解决的，在当时工会工作中带方向性的问题，即正确认识公营工厂生产的性质、工人劳动的性质以及职工会的组织形式和基本任务。

5月5日至9日，陕甘宁边区总工会召开边区公营工厂工会干部会议，以整风精神探讨了公营工厂的性质和工人运动的性质。中共中央职工运动委员会书记邓发作《新民主主义政权下公营工厂的劳动性质与职工会任务》的报告。报告明确指出：公营工厂是革命的公有财产，公营工厂工人的劳动是为革命而生产。据此，会议确定了公营工厂职工会的日常任务是：进行职工教育，维持劳动纪律，提高生产效率，保证生产计划的完成，与工厂共同协商，适当改善工人生活等。会议修改了《陕甘宁边区战时公营工厂集体合同准则》。这次会议从正确认识新民主主义政权下公营工厂的性质和工人运动的性质入手，明确了公营工厂职工会的日常任务，是工会整风的一个良好开端。

9 月 11 日，《解放日报》发表题为《向模范工人赵占魁学习》的社论，介绍了赵占魁的模范事迹，号召全体工人向赵占魁学习。

10 月，陕甘宁边区总工会发出《关于开展赵占魁运动的通知》，要求工人立即行动起来，学习赵占魁，以掀起一个广泛的运动，并确定了开展这一运动的目的、方针和方法。

12 月，毛泽东在陕甘宁边区高级干部会议上作《经济问题与财政问题》的报告，指出：职工会工作有不适合于提高劳动纪律与劳动积极性的，必须加以改造。提出在一个工厂里，成本少、产品好、推销快是行政、支部、工会三位一体的共同任务，党的工会的任务就是保证生产计划的完成。这个讲话总结了根据地公营工厂和工会工作的经验，为根据地的公营工厂在整风运动中改进生产管理，解决工会工作的方针、任务和党政工三者的关系问题指明了方向。

从 1942 年下半年开始，在中共中央职工运动委员会、陕甘宁边区总工会的发动和领导下，陕甘宁边区及各抗日根据地的公营工厂中普遍开展了“赵占魁运动”。

1943 年

3 月至 4 月，陕甘宁边区政府召开了直属公营工厂厂长、支部书记和工会主任会议，讨论有关公营工厂的劳动性质、办厂原则、工会工作的方针任务和党政工三者关系等问题。会议统一了认识，确定了工厂管理一元化的方针和公营工厂职工会的基本方针任务。

5 月 1 日，中共中央作出《关于目前各抗日根据地职工运动的决定》，把普遍开展“赵占魁运动”作为根据地职工运动的基本任务之一。这样，各抗日根据地普遍开展了“赵占魁运动”，并且各自树立起赵占魁式的英雄模范，作为工人学习的榜样。“赵占魁运动”形成了蓬勃的大规模的群众性的运动。

这一年，陕甘宁边区生产的布匹足以自给三分之一，纸张自给一半，石油、肥皂除自给外，还能接济邻区和前方。

从 1943 年起，陕甘宁边区为加强公营工厂中的工会工作，从而取消了农村中的工会组织。那些分散的雇工（雇农）和手工业工人被组织到各种合作社中去，由各级抗联会领导。

1944年

年初，全国各抗日根据地的工会会员发展到80万人。

5月，陕甘宁边区总工会召开职工代表大会，检阅边区职工战斗力量和自给工业，讨论了关于公私兼顾、先公后私的原则以及关于科技与工人创造性相结合、领导与群众相结合的方针。

抗日战争进入准备反攻阶段，中共中央于6月5日发出关于城市工作的指示，向全党全军提出了加强大城市和交通要道的工作、准备群众武装起义的任务；强调待时机成熟，就可使城市的革命力量与根据地的武装相配合，里应外合进攻日本占领军，夺取大城市与交通要道。这是准备对日反攻的重要战略决策，也是中国革命由农村包围城市到重新进入城市并由城市领导乡村这一历史性转折的开端，它为敌占城市的工人运动提出了新的斗争目标。

这一年，陕甘宁边区的煤、石油可以完全自给，纸张、布匹可以半自给；重工业方面，已经能够自己炼铁，制造简单的机械，配制军需品，制造三酸、玻璃和陶瓷。

1945年

年初，全国各抗日根据地的工会会员发展到92万人。

2月1日，中共中央发出《关于成立中国解放区职工联合会的指示》，要求各地党组织和职工团体为此做好各项准备工作。

2月7日，《解放日报》为纪念“二七”斗争22周年，发表题为《为独立与民主而战，准备成立中国解放区职工联合会》的社论。社论指出，中国职工在中华全国总工会被国民党解散之后，至今仍无全国统一的组织。为了促进这个组织的重新建立，各解放区的职工会应该首先联合起来，成立中国解放区职工联合会，以便加强各解放区工人运动的发展。促进全国工人运动的统一和团结，共同反对国民党一党专政，建立民主联合政府，更有效地支援前线，争取早日实现抗日战争和世界反法西斯战争的最后胜利。

2月10日，陕甘宁边区总工会作出发起成立中国解放区职工联合会的决定，并致电各解放区职工会，邀请代表到延安，商讨筹备联合会成立的事宜。不久，晋察冀、晋绥、晋冀豫边区和山东总工会都先后复电，表示完全拥护《解放日报》纪念“二七”社论的精神和陕甘宁边区总工会关于发起成立中国解放区职工联合会的决定，并派代表赴延安参加筹备工作。

4月22日，中国解放区职工联合会筹备会在延安成立，由邓发任筹备会主任。

4月23日至6月11日，中国共产党第七次全国代表大会举行。大会提出，放手发动群众，壮大人民力量，在我党的领导下，打败日本侵略者，解放全国人民，建立一个新民主主义的中国。大会通过的新党章规定，以毛泽东思想作为党的一切工作的指针。大会强调，在抗日战争结束以后中国工人阶级的任务，不但是为着建立新民主主义国家而斗争，而且是为着中国的工业化和农业近代化而斗争。在新民主主义的国家制度下，将采取调节劳资间利害关系的政策。一方面，保护工人利益，根据情况的不同，实行八小时到十小时的工作制以及适当的失业救济和社会保险，保障工会的权力；另一方面，保证国家企业、私人企业和合作社企业在合力经营下的正当的盈利；使公私、劳资双方共同为发展工业生产而努力。党的七大为建立新民主主义的新中国制定了正确路线方针政策，使全党在思想上政治上组织上达到空前统一和团结。

8月9日，毛泽东发表《对日寇的最后一战》的声明，号召中国人民的一切抗日力量举行全国规模的反攻。次日，解放区对敌展开了全面进攻。延安各兵工厂工人们精神振奋，为支援前线夜以继日地修造枪械弹药。各边区公营工厂职工为支援前线胜利反攻、保卫边区，开展生产突击，工作时间由原来的10小时自觉延长到12小时，并修改了奖励条件以适合突击运动的开展。

8月15日，日本天皇裕仁以广播形式发布《终战诏书》。日本无条件投降。9月2日，日本代表在投降书上签字。侵华日军128万人向中国投降。至此，中国抗日战争胜利结束。这是近代以来中国人民反抗外敌入侵第一次取得完全胜利的民族解放斗争，也是世界反法西斯战争胜利的重要组成部分。

9 月，解放区职工联合会筹备会制定《中国解放区职工联合会纲领（草案）》，要求扩大与巩固解放区职工组织。在中共中央和各解放区党组织的领导下，工会工作者迅速建立起了各级工会组织。

10 月 2 日，中共中央在《关于加强北满工作的领导给东北局的指示》中强调在各大城市必须派人成立总工会，发动和组织群众，再进而引导他们走上武装斗争。此后，东北各地工会组织大都设立了武装部，通过广泛宣传中国共产党的政治主张，揭露蒋介石勾结日伪和美国挑动内战的罪行，使广大工人的政治觉悟迅速提高，积极加入各种形式的武装队伍。

11 月 24 日，沈阳市总工会发起召开东北各地区工会代表座谈会，讨论了东北工人运动的方针和任务。

1946 年

2 月，晋察冀边区总工会指示各基层和企业工会，有系统地加强对工人的时事教育、政治教育和业务教育，进一步提高工人阶级的觉悟，改造劳动态度，加强劳动纪律。

4 月 30 日，延安《解放日报》在纪念“五一”劳动节的社论《解放区职工运动的任务》中明确指出：现阶段解放区职工运动的中心任务，就是解放区的民主政府和私人资本家合作，共同用最大的努力来恢复与发展解放区的经济建设，包括工业、矿业和交通事业。各解放区工会把动员群众迅速发展工业生产作为中心任务，组织各种形式的劳动竞赛，促进了生产的发展。

4月，东北职工总会筹委会从沈阳迁至长春后，开办了以陈郁为校长的东北工人政治大学，有1000余名企业干部和职工参加了学习。东北职工总会筹委会还创办了机关报——《东北工人报》。

6月，国民党发起全面内战。内战爆发以后，各解放区工会动员广大职工紧急行动起来，积极生产，武装自卫，巩固后方，支援前线，以一切可能的方式配合支援人民解放军以自卫战争粉碎国民党的全面进攻。

1947年

2月1日，毛泽东根据中共中央政治局会议的精神，起草了《迎接中国革命的新高潮》的党内指示，指出国内形势已经发展到了全国范围和新的人民大革命高潮的前夜；提出了迎接中国革命的新高潮，彻底粉碎蒋介石的军事进攻，实现人民解放军的大反攻，把解放战争进行到底的各项方针政策。

2月7日，《解放日报》在纪念“二七”惨案的社论《中国工人阶级今天的任务》中号召：解放区一切直接与间接参加兵工生产的工人，为多造武器弹药而斗争；铁路工人和各种运输工人，应该更加紧生产，为保证人民解放军的足食足衣，加强解放区各方面的力量而立功。

2 月，晋冀鲁豫边区职工总会向全区职工发出号召，开展一个全面改造、全面提高的大生产运动。

10 月 10 日，中国人民解放军总部提出“打倒蒋介石，解放全中国”的口号。

12 月，中共中央在陕北米脂县杨家沟村召开政治局会议。毛泽东在会议上作《目前形势和我们的任务》的报告，阐明新民主主义革命的三大经济纲领：没收地主土地归农民所有，没收官僚资本归人民国家所有，保护民族工商业。毛泽东指出：新民主主义国家经济的指导方针，必须紧紧地追随着发展生产、繁荣经济、公私兼顾、劳资两利这个总目标。一切离开这个总目标的方针、政策、办法，都是错误的。

1948 年

2 月 7 日，新华社根据中共中央指示精神发表《坚持职工运动的正确路线，反对“左”倾冒险主义》的社论，强调指出：解放区职工运动的方针，应当严格地符合新民主主义的经济政策，这就是发展生产、繁荣经济、公私兼顾、劳资两利。一切与此符合的应当发展，一切与此违背的应当改正过来。社论严肃批评了工会工作中出现的“左”倾偏向，要求各级工会严肃地讨论中央的路线及全部工业政策与工运方针，坚决纠正一切危害工人阶级、劳动人民及革命政府的“左”倾冒险主义的思想、政策与办法，使工业建设与工人运动迅速走入正轨。

3 月，中共中央东北局在哈尔滨召开东北职工工作会议。会议认真总结了东北工人运动的经验和教训，坚决纠正了在各地工作中出现的程度不同的右的和“左”的偏向。

3 月 5 日，以刘少奇为首的中共中央工作委员会发出《关于召开全国各解放区工会代表大会给全国各地的指示》，明确提出：全国各解放区工会代表大会将在哈尔滨举行，准备成立解放区统一的工会联合会，并选出派赴比利时参加世界二次工会大会之代表。将来之解放区工联，将进一步团结蒋管区之进步工会代表，走向成立全国统一的工会组织，而形成以我党为领导的统一的工会运动。

4 月 30 日，中共中央发布《纪念“五一”劳动节口号》，其中第十四条为：解放区和蒋管区的职工联合起来，建立全国工人的统一组织，为全国工人阶级的解放而奋斗！这为中华全国总工会的恢复重建指明了方向。

5 月至 6 月，华北解放区工商业会议在石家庄召开。

8 月 1 日，第六次全国劳动大会开幕。大会代表 518 人，代表着全国有组织的职工 283 万余人。陈云、李立三、蔡畅、陈郁、朱学范、李颉伯、唐韵超、张维桢等中共中央领导和工人运动领袖出席大会，并当选为大会主席团成员。大会听取了陈云《关于中国职工运动当前的任务》的报告、李立三《关于〈中华全国总工会章程（草案）〉的报告》、朱学范《关于国统区职工运动的报告》等一系列报告。经过代表们的认真讨论，一致通过相应的决议，其中最重要的是《关于中国职工运动当前任务的决议》。

根据六次劳大决定，恢复了中华全国总工会，从而实现了全国工人运动在组织上的统一领导。六次劳大选举产生了由陈云、李立三、朱学范、刘宁一、李颉伯等53人组成的中华全国总工会执行委员会。

8月，人民解放战争由战略防御转入战略反攻。全国工人阶级采取各种形式支援解放军的进军。

10月，中华全国总工会六届执委会在哈尔滨召开首次会议，推选陈云为中华全国总工会主席，李立三、朱学范、刘宁一为副主席，并决定由李立三主持全总的日常工作。

1949年

1月31日，北平和平解放。中华全国总工会根据中共中央的指示，于2月间由沈阳迁到北平，3月1日在北平府前街1号正式办公。全总迁到北平后，开始加强对全国工会运动的指导。

截至1月31日，人民解放军取得战略决战的胜利。在经过辽沈、淮海、平津三大战役以后，国民党赖以维持其反动统治的主要军事力量基本上被摧毁，东北全境、华北绝大部分和长江以北的华中、中南广大地区均已解放，国民党的统治中心——南京、上海和武汉等地已经直接暴露在占绝对优势的人民解放军强大攻势面前，蒋介石的反动统治行将灭亡。

3月，中国共产党七届二中全会在河北平山县西柏坡召开。全会规定党在全国胜利以后在政治、经济、外交方面应当采取的基本政策，指出中国由农业国转变为工业国、由新民主主义社会转变为社会主义社会的发展方向。全会讨论确定了党的工作重心由乡村转移到城市的问题，强调必须用极大的努力去学会管理城市和建设城市，在领导城市工作中必须全心全意地依靠工人阶级，要将恢复和发展城市中的生产作为中心任务。毛泽东在全会上提出“两个务必”思想，即务必使同志们继续地保持谦虚、谨慎、不骄、不躁的作风，务必使同志们继续地保持艰苦奋斗的作风。

4 月 23 日，人民解放军占领南京，国民党反动统治覆灭。

5 月 30 日，中华全国总工会在北平召开常委扩大会议，检查总结全总恢复以来的工作，讨论加强全总领导机构问题。会议一致推选对中国工人运动有长期领导经验和杰出贡献的刘少奇为名誉主席。会议决定把全总的机构设置调整为组织、文教、生产、工资、劳动保护与工人福利、国际联络、青工、女工等 8 个部，秘书和行政 2 个处，1 个研究室和手工业工人、店员、搬运工人等 3 个工作委员会，并确定了各部门的负责人选。通过这次机构调整，加强了全总对各地区、各产业工会工作的领导，促进了全国工人和工会运动的进一步团结与统一。会议最后通过了《关于建立工会工作报告制度的决议》。

6 月 30 日，毛泽东发表《论人民民主专政》一文，总结中国共产党领导新民主主义革命 28 年的经验，阐明即将成立的新中国的性质，指明各阶级在国家政权中的地位以及新中国对内对外的基本政策。

7月15日，中华全国总工会在北平创办了机关报——《工人日报》，并且作出了《关于统一平、津、唐三市工人报纸与工人通讯工作的决定》。

7月23日至8月16日，全国工会工作会议在北平举行。出席会议的共有全国各省、市、区72个单位的代表254人。中共中央十分重视这次会议，毛泽东、周恩来、朱德到会发表了重要讲话。毛泽东在讲话中，批评了工会组织发展中存在的“关门主义”现象，指出除了破坏分子及资本家之外，一切职工，即使政治上落后的人，即使国民党工会的工作人员，只要有改造可能的，都应包括在工会组织之内；进一步阐明了在工会建设中团结大多数的思想，提出了党政工共同搞好生产的根本任务。这次会议规定了当前全国工会工作的中心任务，就是在一年左右基本上把全国工人阶级组织起来，以便在新中国的政权建设和经济建设中胜利地担负起领导阶级的历史使命。

9月21日至30日，由中国共产党、各民主党派、各人民团体、各地区、人民解放军、各少数民族、国外华侨及其他爱国分子的代表600多人所组成的中国人民政治协商会议第一届全体会议在北平举行。毛泽东在开幕词中说，我们的工作将写在人类的历史上，它将表明：占人类总数四分之一的中国人从此站立起来了。会议通过起临时宪法作用的《共同纲领》，选举了中央人民政府委员会。从此，中国工人阶级成为国家的领导阶级。

10月1日，首都北京30万军民在天安门广场集会，隆重举行中华人民共和国中央人民政府成立典礼。毛泽东宣读中央人民政府公告。中华人民共和国的成立，彻底结束了旧中国半殖民地半封建社会的历史，彻底结束了旧中国一盘散沙的局面，彻底废除了列强强加给中国的不平等条约和帝国主义在中国的一切特权，实现了中国从几千年封建专制政治向人民民主的伟大飞跃，实现了中国高度统一和各民族空前团结，中华民族发展进步从此开启新纪元。中国共产党成为在全国范围执掌政权的党，中国工人运动也进入了崭新的历史发展阶段。

10月，中华全国总工会召开常委扩大会议，着重研究建立产业工会问题。为配合国家的政权建设和经济建设，完成全国统一的经济计划，会议决定筹建21个全国性产业工会，要求各地方工会积极组建产业工会的地方组织。

11月5日至10日，中国劳动协会在北京召开全国代表会议。会议通过了结束全国劳动协会组织的决议和宣言，指出：根据第六次全国劳动大会制定的工人运动方针，全国工人阶级应加强团结，统一力量来完成建设新中国的历史任务。

11月22日，中华全国总工会颁布《关于私营工商企业劳资双方订立集体合同的暂行办法》，规定各行各业劳资双方应根据平等自愿协商原则，签订集体合同，明确劳资双方之权利义务及劳动条件。该暂行办法还对订立集体合同的具体步骤及集体合同应包括的主要内容进行了明确的规定。与此同时，中华全国总工会正式出台了《关于劳资关系暂行处理办法》，在全国私营工商企业中执行。

12 月，中华全国总工会向全国各地工会发出《关于在最近半年内建立十个产业总工会的通知》，要求各地方工会组织帮助把铁路、邮电、海员、纺织、燃料等产业工会迅速建立起来。在全总的领导和部署下，全国性和各地方的产业工会纷纷建立起来。

到 1949 年底，在工人群众的支持下，国家接收了采煤、采油、发电、有色金属加工、纺织、化工、造纸、食品等领域的 2858 家官僚资本企业。还接收了国民党的中央、中国、交通、中国农民四大银行和中央信托局、邮政储金汇业局以及分布在各省区的 2400 多家地方银行和垄断性的贸易公司。没收官僚资本使新生的共和国掌握了国家主要的经济命脉，为恢复国民经济、建立社会主义国营经济奠定了基础。没收官僚资本，摧毁反动政权的经济基础，具有民主革命的性质，同时又是对国民经济进行社会主义改造的具有决定意义的开端。

1950 年

年初，政务院开始在全国职工群众中开展清仓查库和献纳器材运动。中华全国总工会号召各级工会组织工人参加这一运动。

2 月，政务院财政经济委员会发出《关于国营、公营工厂企业建立工厂管理委员会的指示》，强调改革国营、公营工厂企业中官僚资本统治时代遗留下来的各种不合理制度，推进企业管理民主化。

4月，中华全国总工会在北京召开第一次全国职工业余教育会议，集中研究解决职工教育的方针、组织、学制、教员、教材、教学时间、教育法及经费等问题。

5月，中华全国总工会召开全国工会生产工作会议，专门研究基层工会组织劳动竞赛和开展群众性合理化建议活动的问题。

6月29日，毛泽东发布中央人民政府命令，公布《中华人民共和国工会法》。《中华人民共和国工会法》共五章26条，对新中国工会的性质、组织原则、工会的权利与责任、工会基层组织、工会经费作出了规定。在新中国初期各项事业百废待兴、条件十分有限又缺乏建设经验的历史条件下，该法的制定与实施具有重要的意义。一方面，从法律层面赋予工会的权利和职责，反映出工人群众的意愿和要求，极大地鼓舞了全国工人的主人翁意识和责任感；另一方面，对工会基层组织、工会经费等具体内容作出明确规定，为新中国工运蓬勃开展提供了法律保障。

6月，根据中华全国总工会的建议，政务院发布《关于开展职工业余教育的指示》，对教育的对象、教育的内容、教育的机构等问题作出明确规定。指示强调，开展职工业余教育是提高广大工人、职员政治文化与技术水平的最重要方法之一；职工业余教育的对象以工厂企业中工人、职员为主；教育的内容以识字为重点，开展以扫盲为中心的业余文化教育，争取在三五年内做到职工中现有文盲一般能识一千字上下，并有阅读通俗书报的能力；各地方工会建立专门管理职工业余教育的组织机构。

8月，中华全国总工会召开全国工会俱乐部工作会议，制定了《工会俱乐部组织条例》。会议提出，除城市搞一些较大的文化宫、俱乐部外，应以建设工厂、车间俱乐部为重点，做到花小钱办大事。此后，天津、上海、南京、武汉、重庆等城市都建立了全市性的工人文化宫，成为全市职工文化娱乐活动的中心，同时各地工矿企业的工人俱乐部相继建立。

9月至10月，全国工农兵劳动模范代表会议和战斗英雄代表会议召开。毛泽东发表祝词，对英雄模范人物给予极高的评价，称赞他们在消灭敌人的斗争中，在恢复和发展工农业生产的斗争中，克服了很多的艰难困苦，表现了极大的勇敢、智慧和积极性，是全中华民族的模范人物，是推动各方面人民事业胜利前进的骨干，是人民政府的可靠支柱和人民政府联系广大群众的桥梁。

10月上旬，应朝鲜党和政府的请求，中共中央作出抗美援朝、保家卫国的战略决策。10月8日，毛泽东发布命令，组成中国人民志愿军，彭德怀为司令员兼政治委员。19日，中国人民志愿军进入朝鲜战场。25日，志愿军与敌军遭遇，打响出国作战的第一次战役。11月，中华全国总工会号召全国工人阶级开展抗美援朝、保家卫国运动。许多职工群众要求参加中国人民志愿军；大批的铁路工人、电讯工人、汽车司机、建筑工人以及医务人员等分批赴朝鲜战场。与此同时，工人阶级积极开展爱国增产节约运动，把车间当战场，把生产当战斗，掀起了群众性的生产高潮，保障了抗美援朝战争的胜利。这一胜利捍卫了新中国安全，彰显了新中国大国地位。

10 月，政务院通过《中华人民共和国劳动保险条例》。条例规定对职工的生、老、病、残实行劳动保险，并对劳动保险的实施范围、劳保待遇的标准和费用开支作了明确规定。劳动保险条例的实施采取重点试行、逐步推广的办法。先是在 100 人以上公私营工矿企业及铁路、邮电、航运三个产业系统实行。对暂时未实行劳动保险的企事业单位，采取由工会组织同企业行政或私营企业资方，参照劳动保险条例的原则与企业实际情况进行协商，并通过签订劳动保险集体合同的办法加以解决。国家机关工作人员的社会保险制度，通过颁布单项法令、法规逐步建立起来。

1951 年

1 月 17 日，《工人日报》发表齐齐哈尔第二机床厂马恒昌小组向全国工人阶级提出开展爱国主义劳动竞赛的倡议。2 月，中华全国总工会作出在全国范围内开展马恒昌小组竞赛运动的决定。

2 月 21 日，中央人民政府颁布《中华人民共和国惩治反革命条例》。为响应政府号召，中华全国总工会于4月20日发表《告工人书》，号召工人群众积极行动起来，协助政府肃清工厂企业中暗藏的反革命分子。广大工人群众在工会的组织下成立纠察队，保护工厂，开展防火、防盗、防止敌人破坏的活动。

2月26日，《中华人民共和国劳动保险条例》颁布实施，规定了职工在遇到生、老、病、死、伤、残等困难时，有获得各项保险待遇的权利。这是新中国成立后首部全国统一的社会保险法规。

9月，中华全国总工会会同劳动部在北京召开全国第一次劳动保护工作会议。会议通过《工厂卫生安全暂行条例》《保护女工暂行条例》《限制工厂矿场加班加点暂行办法（草案）》等劳动保护法规文件。

10月15日，纺织工业部根据中国纺织工会全国委员会的决定，发出在全国纺织系统普遍推广“郝建秀工作法”的指示。

12月23日，赖若愚任中华全国总工会党组书记兼全总秘书长。

12月，中共中央作出《关于实行精兵简政、增产节约、反对贪污、反对浪费和反对官僚主义的决定》。“三反”运动在全国展开，到1952年10月结束。

1952年

1月，中共中央发出《关于首先在大中城市开展“五反”斗争的指示》，要求在全国大中城市向违法的资本家开展反对行贿、反对偷税漏税、反对盗骗国家财产、反对偷工减料和反对盗窃经济情报的斗争。在“五反”运动中，广大工人群众揭发出大量不法资本家的行贿、偷税漏税、盗骗国家财产、偷工减料和盗窃经济情报的“五毒”行为。

7月25日，中华全国总工会的机关刊物《中国工运》正式创刊，李富春撰写发刊词。

11月20日至12月2日，中华全国总工会在北京召开全国工会基层工作会议。会议的中心议题是如何做好工会基层工作，着重讨论和研究推广五三工厂工会工作经验。会议请五三工厂工会、行政和党委主要负责人，分别就工会工作、行政管理工作和党在工厂中如何领导生产、领导工会工作这些问题作了报告。

12月16日，中华全国总工会党组向中共中央报送《关于工会基层工作会议的总结报告》，报告提出各地工会组织要把五三工厂经验学到手。12月27日，中共中央批转全总党组《关于工会基层工作会议的总结报告》，指出：五三工厂经验是完全成功的经验，应予推广。但在推广时，应切实照顾本地本厂矿的具体条件而不要硬套硬搬。

到 1952 年底，全国除台湾、西藏外，各级地方工会组织均已建立起来，工会基层组织发展到 20.7 万个，工会会员队伍由 1949 年底的 370 万人增加到 1002.3 万人。工会已基本上把全国工人阶级组织起来。

到 1952 年，除中华全国总工会干部学校外，全国各地创办工会干部学校 59 所，其中：大行政区工会创办的有四所，省（市）工会创办的有 21 所，专区或省辖市工会创办的有 34 所。新中国成立最初三年，共培训各级工会干部 10.8 万人（不含全总干部培训的人数），各地工会还帮助一些大型厂矿基层工会培训了大批工会积极分子，从而为工人运动的发展创造了有利条件。

到 1952 年，恢复国民经济的任务基本完成。工业总产值比 1949 年增长 145%，主要工业品都能够自己制造。工业结构发生一定变化，重工业比轻工业有了更大的发展。1952 年钢产量达到 135 万吨，比新中国成立前最高年产量多 43 万吨；原油 44 万吨，比新中国成立前最高年产量多 12 万吨；棉纱 65.6 万吨，比新中国成立前最高年产量多 21.1 万吨。所有这些成就是中国工人阶级艰苦奋斗的结果，为社会主义改造的全面展开奠定了重要物质基础。

1953 年

这一年，毛泽东提出党在过渡时期的总路线和总任务。到同年 12 月，形成完整的表述：从中华人民共和国成立，到社会主义改造基本完成，这是一个过渡时期。党在这个过渡时期的总路线和总任务，是要在一个相当长的时期内，逐步实现国家的社会主义工业化，并逐步实现国家对农业、对手工业和对资本主义工商业的社会主义改造。这条总路线是照耀我们各项工作的灯塔，各项工作离开它，就要犯右倾或“左”倾的错误。过渡时期总路线成为团结和动员全国人民共同为建设一个伟大的社会主义国家而奋斗的新纲领，使中国进入实现工业化和逐步过渡到社会主义的新的历史时期。这一时期的工人运动就是在这样一个深刻的社会变革中发展前行的。提前向社会主义过渡，以及优先发展重工业的工业化发展战略，对工人运动的具体实践产生了深远影响。

5 月 2 日至 12 日，中国工会第七次全国代表大会在北京召开，出席会议的代表共 813 人，代表着全国 1020 万名会员。中央国家机关和职工家属代表共 175 人列席了会议。世界工会联合会代表团和来自世界 20 多个国家的 30 多个工会组织代表应邀列席了会议。会议的主要任务是总结六次劳大以来的工运经验，确立向社会主义过渡时期的工运方针，迎接大规模经济建设高潮的到来，动员和组织工人群众参加国家经济建设。刘少奇代表中共中央、林伯渠代表中央人民政府、陈叔通代表全国政协分别向大会致辞。大会由刘宁一致开幕词，赖若愚代表中华全国总工会作工作报告，许之桢作修改工会章程的报告。大会通过了《关于中国工会工作报告的决议》《关于修改中国工会章程的决议》和新工会章程。中国工会七大方针的核心，是以生产为中心，生产、生活、教育三位一体。这个方针总结吸取了新中国工人运动和工会工作的经验，贯彻了党在过渡时期总路线的基本要求，突出了以生产为中心的工人运动和工会工作任务，强调关心职工群众生活，提高职工队伍素质。大会选举产生了中华全国总工会第七届执行委员会。刘少奇为中华全国总工会名誉主席；赖若愚为主席；刘宁一、刘长胜、朱学范为副主席；赖若愚、刘宁一、许之桢、陈少敏、李颉伯、刘子久、栗再温、董昕为书记处书记；王文兴为经费审查委员会主任。中国工会七大是新中国成立后召开的第一次工会全国代表大会。这次大会的主要功绩在于，它在新的历史条件下适时地为工人运动和工会工作制定了新的任务和方针，指导和保证了工人阶级在大规模经济建设和社会主义改造中能够充分发挥主力军作用，同时也是对各级工会组织、会员和职工群众的一个极大的动员和鼓舞。

8 月，中华全国总工会作出《关于加强资本主义工业中的工会工作的指示》，对如何开展资本主义工业中的工会工作作出了明确规定，为动员工人群众参与资本主义工商业改造、开展工会工作指明方向。首先，确定了资本主义工业中的工会工作必须贯彻“发展生产，劳资两利”的政策及利用、限制和改造的方针。其次，明确了工会在资本主义工业中的任务，就是团结和领导全体职工积极协助资本家改善经营管理，改善劳动条件，增加数量，提高质量，降低成本，并切实监督和教育资本家遵守国家法令，遵守公司合同和劳资合同，防止和检举“五毒”行为。最后，指出了资本主义工业中工会工作应注意的问题，即资本主义工业中工会组织必须以发展生产为自己的中心任务，教育职工使之懂得党和政府对资本主义工业的方针政策，协助资本家进行生产管理的建设工作；工会和资方可以订立劳动合同，加强劳资协商，组织职工劳动竞赛，推广先进经验；必须认真研究资本主义工业的工资问题，逐步地改变工资问题上的严重的不合理状态；加强工人劳动保护，改善安全卫生条件；加强工会组织的自身建设。

9月6日，《人民日报》发表《增加生产，增加收入，厉行节约，紧缩开支，超额完成国家计划》的社论，向工人阶级发出了开展增产节约的社会主义劳动竞赛的号召。9月15日，中华全国总工会发出《关于进一步开展增产节约劳动竞赛，保证全面地完成国家计划的紧急通知》，全国各地、各产业、各个工矿企业的职工群众纷纷响应，劳动竞赛迅速地开展起来。

11月，中华全国总工会发出《关于学习、宣传与贯彻过渡时期总路线的指示》，要求各级工会把总路线的学习作为工会最基本的思想建设，切实抓好。各级工会在总路线的宣传教育中，着重进行了工人阶级肩负责任和加强工农联盟的教育。通过宣传教育，使广大职工懂得了国家实现社会主义的具体目标和道路，认识到自己勤奋劳动同实现宏伟目标的关系，进一步增强了主人翁责任感和工作积极性，满腔热情地投身到工业化建设和社会主义改造的伟大事业中。

1954年

1月，根据中共中央的指示精神，中华全国总工会发出《关于开展厂矿企业中职工体育运动的指示》，要求各地企业充分利用现有体育场所、设备，本着自愿原则，组织职工开展各种体育活动和普遍推行工间操活动。

3月，中华全国总工会召开全国私营企业工会工作座谈会。全国六大行政区工会及上海、北京、天津等大城市工会专管私营企业的工会干部参加会议。16个私营企业的基层工会主席和各产业工会的干部也参加了会议。会议着重分析了总路线公布后私营企业的动向，研究了加工订货工厂和已合营工厂中工会工作存在问题，并提出加强私营企业职工教育和加强群众监督等问题。

7月，中华全国总工会向中共中央报送《关于手工业工人中工会工作的请示报告》。请示报告比较全面地反映了手工业生产状况和手工业职工队伍情况，并对手工业的社会主义改造提出若干政策意见。请示报告指出，在合作化运动中，手工业工人和贫苦手工业者的态度是积极的，他们是最可靠的力量；手工业工会的基本任务，就是在党的领导下，向工人进行手工业合作化和社会主义前途教育；在组织起来之前，工会的责任在于教育手工业工人，团结手工业者搞好生产，同时要注意手工业职工队伍的清理和建设。中共中央批转了这个请示报告，并同意全总提出的有关建议。

9月，中华人民共和国第一届全国人民代表大会第一次会议通过《中华人民共和国宪法》。这是我国第一部社会主义类型的宪法，是我国的根本大法，充分反映了我国各族人民的意志。宪法明确指出，我国是工人阶级领导的、以工农联盟为基础的人民民主国家。我国的一切权力属于人民。人民行使权力的机关是全国人民代表大会和地方各级人民代表大会。宪法规定公民享有广泛的民主权利和应尽的义务。宪法把实现过渡时期总任务及其具体步骤用法律形式固定下来，明确规定中华人民共和国依靠国家机关和社会力量，通过社会主义工业化和社会主义改造，保证逐步消火剥削制度，建立社会主义社会。这就把中国人民行使当家作主权利的政治制度用根本大法的形式确定下来，指明了为建立社会主义社会继续奋斗的正确道路。

10月，中华全国总工会发出《关于向职工群众广泛宣传中华人民共和国宪法的通知》。10月10日，《工人日报》发表《组织广大职工群众学习宪法》的社论。社论要求利用广播、报刊、板报、文艺宣传等各种形式，大张旗鼓地向职工群众宣传宪法，组织职工学习宪法，做到家喻户晓、人人皆知；要求通过学习和教育，使每个职工都成为爱国守法的模范。广大职工群众在这场广泛宣传学习宪法的热潮中，通过学习、领会宪法的条文，进一步树立了社会主义信念，增强了国家主人翁意识，激发了政治热情，加强了思想建设，推动了社会主义劳动竞赛的广泛开展，对保证和超额完成“一五”计划起了推动作用，显示了我国工人阶级的雄厚力量。

10 月，中华全国总工会和国家体委联合召开全国职工体育工作会议，通过了《关于开展职工体育运动暂行办法纲要》和《职工体育协会暂行组织条例》。

1955 年

2 月 21 日，中华全国总工会党组向中共中央报送《全总党组关于几年来全国伤亡事故简况报告》。报告针对工伤事故频发的情况，提出了五点建议：建议中央责成工伤比较严重的各工业部门和相应的产业工会，对近几年的安全技术和生产卫生工作情况进行系统检查，找出造成伤亡事故的真正原因，定出有效的预防措施；企业行政方面在贯彻“三级一长制”的同时，建立各级领导安全负责制，建立健全安全技术专职机构，使它成为企业行政领导的助手；随着新技术投入生产，企业行政必须严格执行劳动部关于进一步加强安全技术教育的规定，除对新工人进行入厂教育和现场教育、经常教育之外，对调动工作的工人也要进行安全教育；对使用易燃易爆物品、电器设备及危险性比较大的特种机械，如锅炉、乙炔生产器等，有关部门制定统一规程和标准，并进行监督；在大专院校设立劳动保护课程。4 月 26 日，中共中央批转了《全总党组关于几年来全国伤亡事故简况报告》，要求各级单位和各级工会组织、中央各工业部门、劳动部认真加强和改进劳动保护工作，采取积极有效的措施，减少职工因工伤亡事故，以利于社会主义建设事业。

9 月 10 日，《人民日报》发表受中共中央委托，由赖若愚主持起草的《加强党对工会工作的领导》的社论。中共中央为此向党内发出通知，要求各地检查改进党对工会工作的领导。

10 月 2 日，全国第一届工人体育运动大会在北京开幕，毛泽东、刘少奇、周恩来、朱德、彭真、张闻天、邓小平等出席开幕式。刘少奇、周恩来、朱德为大会题词，贺龙代表中共中央、国务院向大会致祝词。参加运动会的有从全国 100 多万名职工体育运动积极分子中选拔出来的男女运动员 1709 人。

下半年，中华全国总工会和各级工会领导机关组织力量，对资本主义商业改造问题进行调查研究，并在此基础上向中共中央报送了《关于加强私营商业中店员工会工作的报告》。报告反映了私营商业社会主义改造的情况，就改造过程中一些亟待解决的问题提出了具体建议。

1956 年

1 月 10 日，北京首先实现资本主义工商业的全行业公私合营。15 日，在天安门广场举行 20 万人参加的庆祝社会主义改造胜利大会。占全国资本主义工商业 50% 的上海，也于 1 月 20 日实现全行业公私合营。1 月底，全国各大城市和 50 多个中等城市先后实现了资本主义工商业的公私合营。到 1956

年底，全国 7 万户私营工业企业、200 万户私营商业企业都实现了公私合营，基本上实现了对资本主义工商业的社会主义改造。我国通过和平赎买方式，使资本主义生产关系消失，这是工人阶级在建立社会主义基本制度过程中取得的重大胜利。

1 月，中共中央召开关于知识分子问题会议，周恩来明确宣布：我国的知识界的面貌在过去六年来已经发生了根本变化，他们中间的绝大部分已经成为国家工作人员，已经为社会主义服务，已经是工人阶级的一部分。

4 月，毛泽东在中共中央政治局扩大会议上作《论十大关系》的报告。报告以苏联经验为鉴戒，着重总结我国自己的建设经验，其基调就是化消极因素为积极因素，努力把一切积极因素调动起来，把我国建设成为一个强大的社会主义国家。报告强调要正视我国建设中的各种矛盾，处理好十大关系：重工业和轻工业、农业的关系，沿海工业和内地工业的关系，经济建设和国防建设的关系，国家、生产单位和生产者个人的关系，中央和地方的关系，汉族和少数民族的关系，党和非党的关系，革命和反革命的关系，是非关系，中国和外国的关系。《论十大关系》的重大意义在于，它比较清晰地展现出中国自己的社会主义建设的基本思路，有自己的思考、经验和内容，是党在社会主义建设初期的一个重大理论成果，也是指导建设工作的伟大纲领。对当时和以后的社会主义建设都有很强的针对性和理论指导作用。

4 月 30 日，全国先进生产者代表会议在北京召开。参加会议的正式代表和特邀代表共 6186 人。代表中有工人、工程技术人员、职员，有科学工作者、文化工作者、医务工作者和机关工作者；代表中妇女占 10.9%，青年占 26%，高级知识分子占 15%。毛泽东、刘少奇、朱德、陈云、邓小平等党和国家领导人出席了代表会议的开幕式。刘少奇代表中共中央在大会上致祝词，赖若愚作《把先进生产者运动持久地开展下去》的报告。全国先进生产者代表会议的召开，标志着先进生产者运动已经成为一个全国性的广泛的群众性运动。

6 月，国务院通过《关于工资改革的决定》，决定对企事业单位和国家机关实行工资改革。7 月 6 日，中华全国总工会发出通知，要求各级工会教育和发动职工，监督企业正确执行工资改革的各项规定。各地工会积极开展工作，一些地方工会培训工资改革积极分子，一些基层工会建立健全工资工作委员会，加强调查研究，协同行政进行工资改革。

9 月 15 日至 27 日，中国共产党第八次全国代表大会在北京举行。出席大会的代表共 1026 人，代表着全国 1073 万名党员。毛泽东致开幕词，刘少奇代表中央委员会作政治报告，周恩来作《关于发展国民经济的第二个五年计划的建议》的报告，邓小平作关于修改党章的报告。大会正确分析了我国社会发生的根本性变化，认为由于生产资料私有制的社会主义改造已经取得了决定性胜利，社会主义制度在我国已经基本上建立起来，这在我国历史上是最深刻、最伟大的社会变革。社会制度的根本变化，必然要在社会阶级关系方面引起根本性的变化。我国工人阶级同资产阶级之间的矛盾已经基本上得到解决，国内的主要矛盾已经是人民对于建立先进的工业国的要求同落后的农业国的现实之间的矛盾，是人民对于经济文化迅速发展的需要同当前经济文化不能满足人民需要的状况之间的矛盾。全党和全国人民今后的主要任务，就是要集中力量发展社会生产力，把我国尽快地从落后的农业国变为先进的工业国，逐步满足人民日益增长的物质需要和文化需要。党的八大是一次成功的大会，为社会主义建设的长远发展指明了方向。

党的八大闭幕后，为了学习贯彻大会精神，中华全国总工会及时发出《关于组织全国职工学习中国共产党第八次全国代表大会文件的通知》，要求工会组织在各级党委领导下，深入细致地组织职工学习大会文件，深入理解和贯彻执行党的八大规定的党在社会主义建设时期的路线、方针和政策，提高自觉性，为实现党的八大提出的历史任务而努力奋斗。在党的八大精神指引下，工人阶级和工会积极投入社会主义建设当中，工人运动开始迈出了新的步伐。

1957 年

2 月，毛泽东在最高国务会议上发表《关于正确处理人民内部矛盾的问题》的讲话。他指出：社会主义社会充满着矛盾。社会主义社会的基本矛盾仍然是生产力和生产关系、经济基础和上层建筑之间的矛盾，这些矛盾可以通过社会主义制度本身的自我调整和完善而不断地得到解决。他还指出，社会主义社会存在着敌我之间和人民内部两类性质根本不同的矛盾，前者需要用强制的、专政的方法去解决，后者只能用民主的、说服教育的方法去解决，决不能用解决敌我矛盾的方法解决人民内部矛盾。毛泽东强调，提出正确处理人民内部矛盾的问题，目的在于团结全国各族人民进行一场新的战争——向自然界开战，发展我们的经济，发展我们的文化，使全体人民比较顺利地走过目前的过渡时期，巩固我们的新制度，建设我们的新国家。《关于正确处理人民内部矛盾的问题》是毛泽东在社会主义时期重要的理论著作，在马克思主义发展史上具有开创性意义，是对马克思主义理论宝库的卓越贡献，对党和社会主义建设事业具有长远的指导意义。

2月，中华全国总工会党组向中共中央报送《中华全国总工会党组关于职工罢工请愿情况的报告》。报告提出，1956年以来各地发生了罢工请愿事件。究其原因，大部分是由于企业行政上的官僚主义。当然也有一部分职工参与罢工请愿是缺乏锻炼、思想不纯，而工会组织对他们的政治思想教育又做得不够。针对上述问题，报告向中央提出五条建议：正确对待群众的要求，反对官僚主义；正确贯彻中央提出的增产节约的方针；加强和改善劳动力的调配工作；加强对职工群众的政治思想教育；建议中央责成有关方面加速制定劳动立法工作。

3月，中共中央发出《中共中央关于处理罢工、罢课问题的指示》。该文件强调，对于罢工、罢课一类事件首先是重在预防，而一旦发生就要用正确的方针、办法去处理。预防的办法，一方面，要随时注意调整社会主义社会内部关系中存在的问题，克服官僚主义，扩大民主，在工厂中应该实行党委领导下的厂长负责制和党委领导下的群众监督；另一方面，则要加强对群众的思想政治教育，要看到绝大多数群众是信任和拥护党和政府的。在该文件精神的指引下，各级工会组织和工会干部积极协助配合党政处理这类问题，使一度发生的罢工、罢课事件在较短的时间内得到平息。事实说明，中央的指示是正确的。

4 月，中共中央发出《中共中央关于研究有关工人阶级的几个重要问题的通知》。该文件提出了四个方面的问题供全党研究：关于职工群众参加企业民主管理问题，关于职工生活问题，关于工人阶级内部团结和教育问题，关于企业中党、工会和共青团组织的工作问题。该文件强调了做好这项研究工作的重要性，指出：如果我们满足于已有的成绩，不重视各方面工作中的缺点，让这样的缺点继续发展下去，就不仅会阻碍工人阶级积极性的发扬，而且还可能造成党和国家逐渐脱离工人群众的严重危险。该文件认为，研究上述这些重要问题是一项复杂的工作，必须全党研究讨论并加以解决。

6 月 13 日，中华全国总工会登山队登上海拔 7590 米的贡嘎山主峰，创下中国登山运动的新纪录。

8 月 21 日至 9 月 3 日，中华全国总工会在北京召开全国工会积极分子代表会议。这是中国工会第一次召开的群众性的工会工作经验交流和总结表彰会议。出席会议的代表有1062人，代表着全国348万名工会积极分子，还有基层工会主席以及专职干部210人列席会议。这次会议明确了密切联系职工群众是做好基层工会工作的根本，明确了检验企业工会工作成效的标准是职工群众用什么样的态度对待企业、对待生产，明确了职工代表大会是吸引职工群众参加企业管理和对企业进行群众监督的好办法，明确了工会的工作方法必须是民主的方法、群众自我教育的方法，也就是群众批评与自我批评的方法。

9月，中华全国总工会党组召开会议。赖若愚作《关于当前工会工作的若干问题》的报告。报告指出：中国工会七大所规定的方针和任务是正确的，贯彻这些方针和任务所采取的步骤基本上也是稳妥的，工会工作中的成绩是基本的、主要的。但在肯定这些成绩的同时，也要看到全总在思想领导和组织领导上还存在着许多缺点，在领导作风上还存在着主观主义和官僚主义。因此，要通过整风，提高认识，加以解决。报告在分析当时工会工作中存在的主要问题时，明确指出：脱离群众仍然是最主要问题，特别是在人民内部矛盾比较突出的情况下，工会更应当在正确处理人民内部矛盾中发挥调节作用。

12月2日至12日，中国工会第八次全国代表大会在北京举行。出席大会的正式代表899人，候补代表100人，代表着全国1360多万名会员。党和国家领导人毛泽东、刘少奇、周恩来、朱德、邓小平等出席了开幕式。中华全国总工会副主席刘长胜致开幕词，中共中央副主席刘少奇代表中共中央致祝词，中华全国总工会主席赖若愚代表第七届执委会向大会作了题为《团结全国人民，勤劳节俭，建设社会主义的新中国》的工作报告。大会指出，工人阶级目前的中心任务，就是坚持勤俭建国、勤俭办企业、勤俭办一切事业的方针，掀起新的生产高潮来迎接第二个五年计划，为完成和超额完成新的国家计划而斗争。中国工会八大所规定的工人运动的路线、方针、任务基本上是正确的，它符合党关于全面建设社会主义总任务的基本要求，符合工人阶级的根本利益。中国工会八大关于职工代表大会和职工群众参加企业管理、监督企业行政及加强自我教育等方面的规定，有利于扩大职工民主权利、改进工会作风，有利于调动广大职工的积极性、主动性和创造性。中国工会八大所提出的按产业和地区相结合组建工会，是我国工会的一项重要组织原则，体现了工人运动的进步。大会选举产生了全总第八届执行委员会。在全总八届执委会第一次会议上，选举赖若愚为主席；刘长胜、朱学范、许之桢、陈少敏为副主席；赖若愚、刘长胜、许之桢、栗再温、董昕、张维桢、张修竹、顾大椿、康永和、郗占元为书记处书记；王亦清为经费审查委员会主任。

1957 年，我国发展国民经济的第一个五年计划胜利完成。在此期间完成施工的工矿企业单位有一万多个。苏联援建的 156 项重点工程，有 68 个全部或部分建成。旧中国从来没有的飞机、汽车、轮船、新式机床、矿山设备、有色金属冶炼等工业部门建立起来。在主要工业产品的产量中，钢 535 万吨，煤 1.3 亿吨，发电量 163 亿度，分别比 1952 年增长 296.3%、98.5%和 164%。全国新建铁路 33 条，铁路通车里程近三万公里。公路运输全面发展，建在祖国大西南崇山峻岭中长达 4000 公里的康藏公路、青藏公路通车。全国公路通车里程达 25 万公里，比 1952 年增长一倍。国家邮电事业发展迅速，强化了以北京为中心的全国邮电通讯网，在全国 25 个重点城市新建扩建了自动电话，在 2000 多个县城通了电话，全国 96%的乡镇通了邮路。所有这些成就，凝结着工人阶级的辛勤劳动和宝贵创造，初步改变了旧中国工业极为落后的状况，为我国建立独立完整的工业体系奠定了基础。

1958 年

5 月 5 日至 23 日，中国共产党在北京召开第八届全国代表大会第二次会议。刘少奇代表党中央向大会作《中国共产党中央委员会向第八届全国代表大会第二次会议的工作报告》，邓小平作《关于在莫斯科举行的各国共产党和工人党代表会议的报告》，谭震林作《关于一九五六年到一九六七年全国农业发展纲要（第二次修正草案）的说明》。会议正式通过中共中央根据毛泽东的倡议而提出的“鼓足干劲，力争上游，多快好省地建设社会主义”的总路线。这条总路线的基本点是：调动一切积极因素，正确处理人民内部矛盾；巩固和发展社会主义的全民所有制和集体所有制，巩固无产阶级专政和无产阶级的国际团结；在继续完成经济战线、政治战线和思想战线上的社会主义革命的同时，逐步实现技术革命和文化革命；在重工业优先发展的条件下，工业和农业同时并举；在集中领导、全面规划、分工协作的条件下，中央工业和地方工业同时并举，大型企业和中小型企业同时并举；通过这些，尽快地把我国建设成为一个具有现代工业、现代农业和现代科学文化的伟大社会主义国家。会议号召全党和全国人民，认真贯彻执行社会主义建设总路线，争取15年，或者在更短的时间内，在主要工业产品产量方面赶上和超过英国。会议还提出了新的第二个五年计划的高指标。会后，“大跃进”运动迅速开展起来。

5月20日，中华全国总工会主席赖若愚逝世。23日，首都各界代表在中山公园中山堂举行公祭。8月，刘宁一任中华全国总工会主席。

5月26日至8月5日，中华全国总工会党组召开会议。会议内容是开展工会工作中的敌我斗争和两条路线斗争，插红旗，拔白旗；检查总结几年来的工会工作，肯定成绩，纠正错误，彻底解决工会与党的关系问题；讨论和解决工会工作如何为总路线服务。会议通过《关于全总党组第三次扩大会议向中央的报告》《刘澜涛同志在全总党组第三次扩大会议上的发言》《全国总工会党组第三次扩大会议的决议》三个文件。会议错误地批判了中华全国总工会已故主席赖若愚、全总书记处书记董昕等人。这次会议是在“左”倾思想指导下召开的一次发生了严重错误的会议，使工人运动和工会工作遭受了挫折。

1959 年

4 月，中华人民共和国第二届全国人民代表大会第一次会议召开，会议提出开展全民的增产节约运动。8 月，中国共产党八届八中全会作出《关于开展增产节约运动的决议》。决议指出，目前全党和全国各族人民的中心任务，就是要深入展开轰轰烈烈的厉行增产节约的群众运动，为完成和超额完成 1959 年的生产和建设计划而斗争。决议要求，特别要抓紧今后一个多月的宝贵时机，掀起新的生产大高潮，使工业、农业、运输业在第三季度取得决定性的胜利，用这个胜利来迎接伟大的中华人民共和国成立十周年。

为响应和贯彻二届全国人大一次会议的号召和中共八届八中全会的决议，中华全国总工会于 6 月和 8 月分别召开有关会议，认真研究如何把职工群众更广泛更深入地动员起来，掀起增产节约运动新高潮的问题，并向全国职工发出了号召。为指导增产节约运动的扎实开展，形成和下发了《关于工会组织在增产节约运动中若干经验纪要》。该文件从加强增产节约运动中的政治思想工作、精打细算和厉行节约、发动群众提高产品质量、大搞技术革新和技术革命、深入开展比先进学先进赶先进竞赛、加强竞赛的组织工作、发动群众、协助企业领导改善经营管理、巩固劳动纪律、注意安全生产、关心群众生活等方面，总结了工会组织开展增产节约运动的基本经验和做法，具有较强的指导和借鉴意义。此后，增产节约运动掀起高潮；不仅规模较大，而且在内容和形式方面也都有所发展。

10 月 25 日至 11 月 8 日，全国工业、交通、基本建设、财贸等方面社会主义建设先进集体和先进生产者代表会议在北京召开。出席会议的代表共 6576 人，其中先进集体的代表 2565 人，先进生产者代表 3260 人，还有特邀代表 751 人。他们代表了全国 30 万个先进集体和 300 多万名先进生产者。出席会议的代表不仅有一直保持先进的全国劳模和先进集体、先进生产者，如全国著名的马恒昌小组、马万水小组、裔式娟小组，孟泰、苏广铭、赵梦桃、倪志福、王崇伦、黄荣昌等，而且涌现出大量新的先进典型，如王进喜、李瑞环、张百发、罗淑珍、马学礼、吴良潮、詹水晶、王凤恩、徐呈龙、徐永基等。时传祥是北京市的淘粪工人，被选为大会主席团成员，受到国家主席刘少奇的亲切接见。刘少奇对他说：我们在党的领导下，都要好好地为人民服务；你淘大粪是人民勤务员，我当主席也是人民勤务员；这只是革命分工不同，都是革命事业不可缺少的一部分。消息发表后，工人们奔走相告，全国许多服务行业的职工受到鼓舞。

1960 年

1 月 30 日，中共中央批转《中共太原市委关于开展以机械化和半机械化为中心的技术革新和技术革命运动的决议》，要求中等以上的城市党委立即掀起一个大搞以机械化和半机械化为中心的技术革新和技术革命的群众运动。

2月和5月，中华全国总工会先后召开有上海、天津、沈阳、哈尔滨等七个大城市工会干部参加的座谈会和有北京、天津、哈尔滨、沈阳、广州、重庆等10个大城市工会干部参加的座谈会，了解和讨论当时技术革新和技术革命运动的发展情况，及时发现问题，提出应对措施，以推动运动健康发展。

3月，中华全国总工会、第一机械工业部、共青团中央在重庆市联合召开全国技术革新、技术革命现场会，参加会议的各地代表共1546人。会议总结交流了重庆市等地方的经验，提出要在一切大中小城市、大中小企业、各行各业各类人员中普遍开展这一运动；要把工业的技术改造与农业的技术改造很好地结合起来，推动国民经济的全面高涨。

3月18日，中共中央发出《关于加强当前技术革新、技术革命运动领导的批示》，同时印发了《全国总工会党组关于当前技术革新、技术革命情况的报告》及《经济消息》第10期《关于技术革命大丰收》一文。中共中央批示指出，技术革新和技术革命运动现在已经成为一个伟大的运动，亟须总结经验，加强领导，以解决运动中的问题，把运动引导到正确的、科学的、全民的轨道上去。中共中央要求，今年3月、4月、5月内要基本完成调查研究、总结经验的工作，中央各部委党组、各级地方党委及各部门党组要组织开好较大规模的现场会议，迅速广泛地推广先进经验。

3月22日，中共中央批转《鞍山市委关于工业战线上的技术革新和技术革命运动开展情况的报告》，指出：鞍山钢铁公司破除了苏联某钢厂的所谓“马钢宪法”神圣不可侵犯的管理制度的迷信，创造了远东的“鞍钢宪法”。中共中央要求各地区、各部门把这个报告转发所属大企业和中等企业、转发一切大中城市以及地委，让干部普遍学习一次，启发他们的脑筋，想一想自己的事情，以便在1960年内，有领导地、一环接一环地、一浪接一浪地实行城乡经济技术革命运动。

5月5日，中共中央批转中华全国总工会、第一机械工业部、共青团中央《关于全国技术革新、技术革命重庆现场会议的报告》，肯定了报告的精神，提出要使当前这一城乡经济技术革命的运动全面发展、不断前进。

6月1日至11日，全国教育和文化、卫生、体育、新闻方面社会主义建设先进单位和先进工作者代表会议在北京召开。出席会议的代表共6000多人，其中：先进单位代表3000多人，先进工作者代表2700多人。国务院副总理陆定一代表中共中央、国务院向大会致祝词。全国人大常委会副委员长林枫向大会作了《大搞文化革命，实现工农群众知识化、知识分子劳动化》的报告。

在三年“大跃进”期间，除了“左”倾错误的严重发展，还伴随有严重的自然灾害，以及苏联政府背信弃义撕毁合同。这些天灾人祸的叠加，使我国的国民经济出现严重困难，国家和人民都遭受了重大损失。到1960年下半年，形势变得更为严峻。从较深层面认真思考和纠正“大跃进”以来一系列“左”倾错误的时机已经成熟。

1961年

1月，中国共产党召开八届九中全会。全会正式决定对国民经济实行“调整、巩固、充实、提高”的八字方针，要求国民经济实现综合平衡、按比例发展。在这次全会上，毛泽东强调要恢复实事求是的优良传统，号召大兴调查研究之风。这次全会以后，各级工会组织坚决响应中央的号召，积极组织广大职工贯彻落实中央八字方针的要求，努力完成各项任务，在国民经济调整中充分发挥了工人阶级的带头作用。

3月，中华全国总工会召开19个省市自治区总工会、七个省属工会、11个基层单位负责职工生活的干部座谈会。这次会议的中心议题是职工生活工作，研究贯彻中共中央关于工会侧重抓职工生活工作的指示。会议交流了在职工生活工作中加强思想政治工作、切实抓好食堂住房调整、搞好农副业生产、开展防病治病、搞好女工保护等方面的经验，研究了如何安排好职工生活的有效而可行的办法。

为了推动各级工会抓好职工生活，克服面对的困难，《工人日报》分别在1961年4月2日、7月8日、10月17日发表题为《切实抓好职工生活工作》《一手抓生产、一手抓生活》

《自己动手、改善生活》的三篇社论。为落实中央精神，全总派出干部深入各地，蹲点总结行之有效的经验，报请中央，以指导整个工作。

5 月，中华全国总工会党组在调研的基础上拟定并经中共中央批转了《关于改进基层工会工作的报告》。报告针对当时许多基层工会没有或者没有很好发挥作用，要求迅速改变这样的状况。报告要求基层工会必须通过整风，改进工作方法和工作作风，健全民主制度，加强组织建设，依靠积极分子，团结广大群众，发挥工会组织作用，全面地开展各项群众工作。

6 月，为了减轻城市负担，扭转国民经济的困难局面，中共中央制定《关于减少城镇人口和压缩城镇粮食销量的九条办法》，发出《关于精减职工工作若干问题的通知》。中共中央要求中华全国总工会协助政府部门和企业行政做好相关工作。全总根据中央指示，在同年 7 月召开省、市、自治区工会主席会议，认真研究了如何协助政府和企业行政完成相关艰巨任务的问题。会后，全总专门成立了精减办公机构，和各级工会组织一道，在精减职工、减少城镇人口方面做了大量艰苦细致的思想工作和组织安排工作。广大职工也表现出高度的阶级觉悟和组织纪律性，特别是党员、团员、工会积极分子纷纷带头，响应党和政府的号召，主动报名下放，毅然携带家眷奔赴农村，支援农业生产第一线。

9 月，中共中央发布《国营工业企业工作条例（草案）》。在该条例实行的过程中，建立、健全和完善了我国国营企业的一系列规章制度，促进了工业的调整。

9月、10月，中华全国总工会分别在杭州和北京召开职工业余教育工作座谈会，分析了职工业余教育的状况，讨论如何贯彻“调整、巩固、充实、提高”的方针和对今后工作的意见。会议的主要成果是确立了“鼓足干劲、实事求是、巩固提高、稳步发展”的方针，在方法上则是要具体分析、区别对待。

12月，中共中央同意并批转中华全国总工会《关于调整、充实基层工会干部问题的请示》，提出大中型企业基层工会主席由相当于企业党委副书记或副厂长的干部担任，凡不符合这一条件的由企业党委逐步予以调整。文件下达后，不少企业调整、充实了基层工会干部。

1962年

1月11日至2月7日，扩大的中央工作会议在北京召开。会议期间，刘少奇代表中央向大会提出书面报告，毛泽东、周恩来、邓小平等中央领导人发表讲话，并带头做了自我批评。这次会议初步总结了“大跃进”运动以来经济建设的经验教训，分析了存在的缺点错误。毛泽东关于不论党内党外都要有民主生活的论述，关于人类认识客观世界规律重要性的论述，关于建设强大的社会主义中国需要一百年时间的论述，对纠正实际工作中的错误具有重要指导作用。会议在对待缺点错误上比较实事求是的态度，以及发扬民主和自我批评的精神，给全党以鼓舞，增强了党的凝聚力，对于动员全党为战胜困难而团结奋斗起到了积极作用。

3月，全国科技工作会议和文艺工作会议在广州召开。周恩来发表讲话，重新肯定我国知识分子的绝大多数已经是属于劳动人民的知识分子，而不是资产阶级的知识分子。随后他在二届全国人大三次会议上作政府工作报告，重申这一科学论断，使知识分子受到很大鼓舞。

5月19日，中华全国总工会召开会议，初步检查了四年来的全总工作。会议首先肯定了四年来全总及各级工会的主要工作成绩，接着便着重检查了四年来的主要缺点和错误。这些缺点和错误是：第一，在贯彻执行党的工运方针上有某些片面性，以致有些工会干部在思想上相当混乱；第二，在工会发展趋势的估计上严重地脱离了实际；第三，在群众工作中，在一段时间内犯过要求过高过急、瞎鼓吹、大呼隆的错误，忽视了扎扎实实、深入细致的经常工作；第四，工会的民主集中制相当削弱，民主生活极不健全。针对上述存在的问题，提出了改进工作的五条意见：一是要提高干部的政策思想水平；二是要扎扎实实地做好工会的经常工作；三是要认真贯彻执行民主集中制，坚持党的群众路线和实事求是作风；四是要加强基层工会的组织建设；五是要整顿工会的疗养事业和文化事业，整顿工会财务工作。

9月，中国共产党召开八届十中全会。全会肯定了当时全国经济形势的好转，要求工人阶级和全国各族人民必须坚决贯彻以农业为基础、以工业为主导的发展国民经济的总方针。

12 月 3 日，中华全国总工会召开职工体育工作座谈会，讨论职工体育工作和民兵工作。

1963 年

3 月 5 日，《人民日报》发表毛泽东题词：向雷锋同志学习。3 月 6 日，中华全国总工会发出《关于广泛组织全国职工向雷锋同志学习的通知》。此后，职工学习雷锋蔚然成风。

4 月 9 日，中华全国总工会发出《关于广泛组织全国职工学习“一厘钱”精神的通知》。

10 月，中共中央、国务院批转《国家经委、全国总工会关于在工业、交通企业中开展“五好”企业和“五好”职工竞赛问题的报告》，要求把“五好”竞赛和先进生产者运动结合起来。“五好”企业，要求政治工作好、完成计划好、企业管理好、生活管理好、干部作风好；“五好”职工，要求政治思想好、完成任务好、遵守纪律好、技术学习好、团结互助好。

12 月 25 日，中华全国总工会和教育部在北京联合召开全国职工业余教育工作会议。会议指出，今后两年的任务是在巩固的基础上积极发展。

到 1963 年底，大庆油田累计生产原油 1000 多万吨，为结束中国人民使用“洋油”的时代作出了巨大贡献。

从 1963 年开始，在部分农村和少数城市、大型企业开展了社会主义教育运动（也称“四清”运动，“四清”就是清政治、清经济、清组织和清思想）。为指导运动的开展，中共中央先后制定了《关于目前农村工作中若干问题的决定（草案）》（即《前十条》）、《关于农村社会主义教育运动中一些具体政策的规定（草案）》（即《后十条》）和《农村社会主义教育运动中目前提出的一些问题》（即《二十三条》）。

1964 年

1 月 7 日，中华全国总工会党组向中共中央报送《关于加强县工会工作的报告》。报告指出，随着国民经济的调整，县工会工作也逐步得到了恢复。全总针对县工会工作中的问题，提出今后加强县工会领导、健全组织、密切与群众联系、发挥积极分子的作用、积极主动地当好党的助手等五点意见。中共中央对全总的工作给予了充分肯定，并在批示中指出：关于县镇工会组织及其工作问题，由于调查研究不够，曾发生过一些曲折。最近，全总党组在做了一些调查研究之后，对县镇职工队伍和工会工作情况的分析是正确的，对今后加强县工会工作的意见也是可行的。此后，全国县级工会工作得到改进和加强。

3 月 18 日，中华全国总工会党组根据辽宁省总工会《关于部分企业建立政治部以后工会的变动情况的报告》，向当时主管工会的中央领导人杨尚昆报送《关于工业交通系统中政治部与工会组织的关系问题的意见》。该文件提出，工会是党领导下的工人阶级的群众组织，它有自己的独立系统；工业交通系统的基层单位建立政治部（处）以后，基层工会仍应作为独立的群众组织继续存在，不宜把基层工会改为政治部（处）的群众工作部，更不宜把工会的各项业务拆散分别由政治部（处）的各部门代替。杨尚昆将该文件批给全国工业交通第一次政治工作会议。会议主持人谷牧指出，在中央没有作出新决定之前，工会的领导体制、组织设置等都按中央过去的规定执行；成立了各级政治部的，应当在党委的领导下，协助工会，积极发挥工会的作用，而绝不应当取消或者削弱工会的工作，更不应当随便变动工会的组织机构和调动他们的干部。此后，这一问题逐步得到解决。

12 月，周恩来在中华人民共和国第三届全国人民代表大会第一次会议上提出，调整国民经济的任务已经基本完成，整个国民经济将步入一个新的发展阶段。周恩来强调，我国的国民经济发展，可以按两步来考虑：第一步，建立一个独立的比较完整的工业体系和国民经济体系；第二步，全面实现农业、工业、国防和科学技术的现代化，使我国经济走在世界的前列。这就郑重地提出了实现“四个现代化”的历史任务，令全国工人阶级和各族人民备受鼓舞。

到 1964 年，经过工人阶级的艰苦奋斗，我国工业生产已达到历史最好水平。新建扩建了大批重要企业，工业主要产品产量有较大增长，机械工业形成了门类比较齐全的制造体系，并且能够独立设计和制造一部分现代化大型设备，主要机械设备自给率已达到 90% 以上。化纤工业有较大发展，新兴的电子工业、核工业、航天工业从无到有、逐步发展。试爆了原子弹，打破了超级大国的核垄断。交通运输、邮电和文教卫生事业也有了较大发展。

1965 年

2 月，中华全国总工会召开省、市、自治区工会主席会议。会议讨论了在部分厂矿企业“四清”试点工作中发生的用“革命工人协会”代替工会组织的情况，认为这种做法属于实验性质，工会仍应整顿和加强。中央在批转全总党组关于这次会议的报告时，要求各地党委注意抓紧领导各级工会特别是基层工会的职工群众工作，并且适当调一些能联系群众、会做职工群众工作的干部来加强地方工会。

7 月，中华全国总工会召开省、市、自治区工会主席座谈会。会议之前和会议期间，中央领导人对工会工作作出多次指示，要求工会做切切实实的群众工作，发挥群众监督作用，克服脱离群众的官僚主义，摸索总结出一套适合中国情况又能保持中国工会优良传统的工会工作经验。会议认真讨论了中央领导人有关工会工作的指示，研究了整顿、加强基层工作的意见，拟定了《整顿基层工会的若干意见（草案）》并报送中央。

9月8日，中共中央批转中华全国总工会《整顿基层工会的若干意见（草案）》。各地党委对整顿基层工会都比较重视，凡是开展“四清”运动的单位都进行了整顿。此后，基层工会工作得到加强并渐趋活跃起来。

12月中旬，中华全国总工会组织全国各省、自治区、直辖市工会和部分省属市工会的领导干部到大庆油田参观学习。

1966年

5月4日至26日，中共中央政治局召开扩大会议。会议通过了《中国共产党中央委员会通知》（即五一六通知）。该通知对形势作出了不切实际的错误估计，认为在党内、政府内、军队内和文化界都混进了一批资产阶级代表人物，他们是反革命的修正主义分子，一旦时机成熟，就会夺取政权，由无产阶级专政变为资产阶级专政。五一六通知成为发动“文化大革命”的纲领性文件。

1967年

全国各级工会组织先后受到严重冲击和破坏，许多省、市、自治区工会乃至基层工会被造反派夺权，工会办公室被占，财产被分，工会干部被批判。

这一年，我国成功地试爆第一颗氢弹。

1968年

10月，中国共产党扩大的八届十二中全会召开。全会对刘少奇作出完全错误的政治结论和组织处理。1969年11月12日，刘少奇在河南开封含冤逝世。1980年2月，中共十一届五中全会为刘少奇平反昭雪。

这一年，南京长江大桥提前完工，开创了我国自力更生修建大型桥梁的新纪录。

1969年

4月，中国共产党第九次全国代表大会召开。大会报告以“无产阶级专政下继续革命的理论”为核心，全面肯定了“文化大革命”，提出了所谓“斗、批、改”的新任务。中共九大在思想上、政治上、组织上的指导方针都是错误的。

这一年，中国成功进行首次地下核试验；中国第一条城市地铁线路——北京地下铁道一期工程正式建成通车；中国自行设计制造的第一套全自动长途电话设备生产成功。这些成就，凝结着工人阶级的汗水和智慧。

1970 年

4 月 24 日，中国第一颗人造地球卫星发射成功。

12 月 25 日，中共中央批准兴建长江葛洲坝水利枢纽工程。

这一年，焦枝铁路建成，成昆铁路正式通车；我国自行设计和建造的攀枝花钢铁基地投产。

1971 年

9 月 13 日，林彪等人外逃叛国，在蒙古人民共和国温都尔汗附近机毁人亡。林彪反革命集团的覆灭，客观上宣告了“文化大革命”理论和实践的失败。此后，在毛泽东的支持下，周恩来主持中央日常工作。在这种背景下，工人运动出现了转机。

12 月 5 日，周恩来在听取全国计划会议情况汇报时指出，现在企业管理乱得很，要整顿。

1972 年

1 月 1 日，《人民日报》、《红旗》杂志和《解放军报》发表社论，提出要做好工会、青年团、妇联等各方面工作。据此，中华全国总工会向中共中央提出组织人员到基层做调查，为整建工会做准备。

10月至11月，国务院有关部门召开加强企业核算、扭转企业亏损的会议。会议强调，要切实地抓好企业管理。会议提出，允许国营企业在完成计划指标后，从利润中提取一定比例的奖励基金，用于职工的集体福利，对先进工作者给以物质奖励。会后，国家计委起草了《关于坚持统一计划，加强经济管理的规定》。该规定对改进经济管理提出若干思想：加强国家统一计划，搞好综合平衡，反对地方各行其是；严格控制基本建设规模，不许乱上建设项目；职工总数、工资总额、主要产品物价等管理权集中在中央，各地区、各部门无权擅自决定；中央下放的大中型企业，由省、自治区、直辖市和少数省辖市管理，不得再层层下放；企业实行党委领导下的厂长负责制，建立强有力的生产指挥系统；坚持社会主义按劳分配原则，广泛推行计时工资加奖励，少数重体力劳动可实行计件工资；等等。所有这些，对于发展工业生产具有重要指导意义。

1973年

1月1日，《人民日报》、《红旗》杂志、《解放军报》联合发表新年献词，明确提出工会、共青团、妇联等群众团体要经过整顿逐步健全起来。

4月11日，中共中央向全国批转北京市委和上海市委关于召开工会代表大会的请示报告。中央指出，整顿工会要以基层为重点，在基本上实现革命大联合等条件具备时，首先召开省、市、自治区和工业集中的大中城市的工会代表大会，将省、市、自治区和大中城市的工会组织建立起来。从此，工会组织的整顿与健全工作在全国各地相继展开。到1973年底，全国有28个省、市、自治区召开了工会代表大会，选举产生了领导机构。省、市、自治区以下的工会组织也陆续整顿和恢复。

8月24日至28日，中国共产党第十次全国代表大会在北京召开。大会批判了林彪反党集团，但是仍然肯定“文化大革命”，继承了党的九大的“左”倾错误。

1974年

由于“四人帮”的干扰和破坏，全国经济出现严重滑坡。1月至5月，煤炭产量比上年同期下降6.2%，铁路货运量比上年同期下降2.5%，钢产量比上年同期下降9.4%，化肥产量比上年同期下降3.7%。1974年全年工业总产值比1973年只增长了0.3%，生产发展速度明显下降。

5月和9月，大港油田和胜利油田先后建成，使全国石油产量迅速增加。

1975年

1月，中国共产党召开十届二中全会，选举邓小平为中共中央政治局常委、中共中央副主席。同月，中华人民共和国第四届全国人民代表大会第一次会议召开，周恩来在《政府工作报告》中强调发展国民经济的两步设想：第一步，用十五年时间，即在1980年以前，建成一个独立的比较完整的工业体系和国民经济体系；第二步，在本世纪内，全面实现农业、工业、国防和科学技术的现代化，使我国国民经济走在世界前列。这一宏伟目标的重新提出，给处于“文化大革命”困难时期继续坚持经济建设的工人阶级和全国人民带来了巨大的鼓舞和希望。

四届全国人大一次会议以后，邓小平主持全面整顿工作。4月，几条严重堵塞的铁路都疏通了。全国20个铁路局中的19个超额完成计划，列车正点率也大大提高。连续21个月没有完成国家计划的徐州铁路分局，在4月提前三天完成了当月任务。钢铁工人奋发努力，使钢铁产量显著回升。6月，钢的平均日产量达到七万多吨，超过年计划平均日产水平。在工人阶级的努力下，1975年全国工业总产值3207亿元，按可比价格计算，比上年增长15.5%。

2月21日，中共中央发出《关于成立中国工会第九次全国代表大会筹备组的通知》。筹备组从成立到解散，存在不到两年时间，但是却成为“四人帮”阴谋夺权的一个主要工具。

11月，“批邓、反击右倾翻案风”运动开始，邓小平主持的全面整顿被迫中断。

这一年，中国第一次成功地使人造卫星按预定计划返回地面。

1976年

1月8日，周恩来逝世。从3月底到4月5日，在北京天安门广场发生工人阶级和其他群众大规模悼念周恩来、反对“四人帮”、拥护邓小平的事件。这一时期，在全国各地发生许多与之性质相同的活动。这场抗议活动显示了工人阶级和各界人民的强大力量，鲜明地体现了人心向背，为粉碎“四人帮”奠定了广泛、深厚的群众基础。

9月9日，毛泽东逝世。“四人帮”加紧夺取党和国家最高领导权的活动。10月6日晚，华国锋、叶剑英代表中共中央政治局，执行党和人民的意志，对王洪文、张春桥、江青、姚文元及其在北京的帮派骨干实行审查。粉碎“四人帮”的胜利，结束了“文化大革命”这场灾难，使我国的社会秩序得以恢复正常，党和国家的工作得以重新走上健康发展的轨道，党的历史进入一个新的发展时期。

1977年

4月20日至5月13日，全国工业学大庆会议先后在大庆、北京召开。会议要求狠抓企业整顿，广泛开展劳动竞赛，掀起增产节约新高潮，并命名全国先进工作者385人。

8月3日，中共中央决定，中华全国总工会副主席、书记处书记马纯古负责领导中华全国总工会机关揭发批判“四人帮”的运动。这对工会系统工作的发展是一个有力的推动。

8月，中国共产党第十一次全国代表大会召开。大会在揭发批判“四人帮”和动员全党建设社会主义现代化强国方面起到了积极作用。大会还强调，要加强党对工会、共青团、妇联等群众组织的领导，把这些组织整顿好、建设好，充分发挥它们应有的作用。但是，大会没有从根本上纠正“文化大革命”的错误。

1978年

3月18日，全国科学大会召开。邓小平在讲话中提出：四个现代化，关键是科学技术的现代化；科学技术作为生产力，越来越显示出巨大的作用；我国知识分子的绝大多数，已经是工人阶级自己的一部分。大会命名全国先进科学技术工作者1213人。

4月27日至29日，中华全国总工会召开全国劳动模范座谈会。115名全国劳动模范聚集一堂，畅谈粉碎“四人帮”的喜悦心情，交流坚持生产、同“四人帮”斗争的经验，并联名发表决心书，倡议全国劳动模范争当新长征的排头兵。这次座谈会实际上开成了向“四个现代化”进军的誓师会。

8月，中华全国总工会在北京召开省、市、自治区总工会负责人会议，讨论中国工会九大的文件准备和组织准备工作。会议期间，中共中央组织部部长胡耀邦到会讲话，强调工会九大最主要应该把两件事情办好：第一，写出一个好的报告来，这个报告应成为我们新时期动员工人阶级努力奋斗和指导新时期工会工作的一个纲领性文件；第二，要组织一个好的领导班子，即全国总工会执行委员会。

10月11日至21日，中国工会第九次全国代表大会在北京举行。出席大会的代表共1967人，代表着全国5000多万名工会会员。邓小平代表中共中央、国务院向大会致辞。邓小平指出，实现四个现代化，必然要多方面地改变生产关系，改变上层建筑，改变工农业企业的管理方式和国家对工农业企业的管理方式；各个经济战线不仅需要进行技术上的重大改革，而且需要进行制度上、组织上的重大改革；工人阶级觉悟最高，纪律性最强，能在现时代的经济进步和社会政治进步中起领导作用；工会要努力保障职工的福利，监督和帮助企业行政和地方行政在可能的范围内，努力改善职工的劳动、居住条件；工会要密切联系群众，使广大职工都感到工会确实是职工自己的组织，是职工信得过的、能替职工说话办事的组织。倪志福向大会作题为《中国工人阶级新的伟大历史使命》的工作报告。报告深刻阐述了工人阶级新的历史使命就是要在本世纪内把我国建设成四个现代化的社会主义强国，使我国国民经济走在世界的前列。大会选举了中华全国总工会第九届执行委员会。在九届一次执委会上，倪志福当选为中华全国总工会主席，朱学范、马纯古、康永和、黄民伟、陈宇、宋侃夫、王崇伦、韩荣华、刘玉娥、章瑞英为副主席；马纯古、黄民伟、陈宇、宋侃夫、王崇伦、韩荣华、章瑞英为书记处书记，邢方群、齐平、韩西雅、王家宠为书记处候补书记。次年产生了第九届经费审查委员会，王维昕为主任。中国工会九大是工会拨乱反正的起点，也是我国工人运动和工会工作新的伟大开端。

11 月 25 日，国务院批转财政部《关于国营企业试行企业基金的规定》，允许完成国家计划的企业提取一定数量的利润作为企业基金，用于举办集体福利事业和奖励职工，把企业经营成果同企业和职工切身利益联系起来，以改变企业办好办坏一个样的现象。

12 月 18 日至 22 日，中国共产党召开十一届三中全会。全会批判了“两个凡是”的错误方针，充分肯定了必须完整地、准确地掌握毛泽东思想的科学体系；高度评价了关于真理标准问题的讨论，确定了解放思想、开动脑筋、实事求是、团结一致向前看的指导方针；果断地停止使用“以阶级斗争为纲”这个不适用于社会主义社会的口号，作出了把工作重点转移到社会主义现代化建设上来和实行改革开放的决策；提出了要注意解决好国民经济重大比例严重失调的要求，制定了关于加快农业发展的决定；着重提出了健全社会主义民主和加强社会主义法制的任务；审查和解决了党的历史上一批重大冤假错案和一些重要领导人的功过是非问题。全会还增选了中央领导机构的成员，开始形成以邓小平同志为核心的中央领导集体。党的十一届三中全会重新确立了马克思主义的思想路线、政治路线和组织路线，实现了新中国成立以来党的历史上具有深远意义的伟大转折。这次全会的召开，对新时期中国工人运动和工会工作的发展产生了根本性影响，指明了前进的方向。

12 月 22 日，中华全国总工会、财政部发出《关于恢复企业、事业、机关的行政方面拨交工会经费的联合通知》。

12 月，中华全国总工会在北京召开职工业余文艺工作座谈会，讨论职工文艺工作的方针、原则等问题。

1979 年

为了紧跟全党、全国工作重心的战略转移，抓紧实现工人运动和工会工作的转变，以适应新形势发展的要求，中华全国总工会于 1979 年 2 月研究了工会如何围绕四化建设这个中心，做好群众工作，做好工会工作的问题，作出《加强安定团结，广泛深入地开展增产节约运动的决议》。决议指出，增加生产，是高速地、稳定地发展国民经济的一条根本方针。实现增产节约，就要把社会主义劳动竞赛深入扎实地开展下去，取得显著的经济效果。决议还对不同部门、不同企业的劳动竞赛分别提出了具体要求。会后，在各级工会的动员组织下，增产节约运动在各行各业普遍开展。

中华全国总工会党组成立复查小组，就全总党组第三次扩大会议对赖若愚、董昕等人的批判进行复查，并起草了《复查结论》和《复查报告》，于 1979 年 6 月上报，经党中央批复并转发全党，决定为赖若愚、董昕等人彻底平反。

7 月，中华全国总工会在江苏无锡召开 14 个省市工人文化宫、俱乐部工作座谈会。会议强调指出，随着全党工作着重点的转移，工人文化宫、俱乐部的一切活动都要为四个现代化服务。必须积极地、经常地、广泛地开展各种形式的活动，组织吸引广大职工学理论、学政治、学经济、学管理、学科学、学技术和学文化。进行思想政治和宣传教育工作，活跃职工文艺生活，并通过这些活动把群众吸引过来，提高他们的思想政治觉悟，增长他们的科学文化技术知识和管理企业的才能，激发他们大干四化的社会主义劳动积极性，为完成工人阶级的历史使命作出更大贡献。这次会议的召开，有力地推动了全国职工群众文化工作的全面恢复。

9 月 28 日，国务院在北京举行授奖仪式，嘉奖工业、交通等基础建设战线的 118 个全国先进企业和 222 名全国劳动模范。

12 月 28 日，国务院在北京举行授奖仪式，嘉奖农业、财贸、教育、卫生、科研战线的351个全国先进单位和340名全国劳动模范。

1980年

1月，中华全国总工会召开女工工作会议，要求各级工会协助行政切实做好女工的劳动保护工作。会议提出深入女工中进行调查，加强女工保护设施，恢复建立妇女卫生室、孕妇休息室；建立健全女工保护制度，对国家保护妇女的政策法令要大力宣传和贯彻执行。根据全总会议精神，各级工会大力加强了女工劳动保护工作。

3月20日，中共中央在北京为无产阶级革命家、中国工人运动杰出的领导人李立三举行追悼会。中共中央政治局委员王震在悼词中充分肯定了李立三在主持中华全国总工会工作期间的历史功绩。

4月，中华全国总工会召开劳动保险工作会议。会议围绕整顿和加强劳动保险工作，讨论了落实这一工作的步骤和方法，并由12个先进基层单位介绍了经验。会议要求各级工会协同各级政府劳动部门，密切配合，共同加强劳动保险工作。会议强调，要着重抓好四项工作：根据国家有关政策、法规，整顿和加强基层劳动保险工作；认真贯彻执行国家的劳动保险政策、法令，建立健全机构和制度；加强劳动保险的群众工作，与有关行政部门一道，加强对退休、退职职工的管理教育；继续做好职工疗养事业的恢复整顿工作。

9月，五届全国人大三次会议指出，职工代表大会或职工代表会议作为权力机构，有权讨论和决定自己职权范围内的重大问题，有权选举、罢免或建议任命、建议罢免本单位的行政领导人员。根据五届人大三次会议精神，各级工会组织把维护职工群众当家作主的地位和权力作为自己应尽的职责和义务，协同有关部门在企业、事业单位推行职工代表大会制度，认真搞好民主选举，取得可喜进展。

10月，中华全国总工会发出《关于进行职工生活大检查的通知》，要求各级工会密切会同有关部门和企业行政，深入基层、深入实际，对职工生活工作认真地进行一次检查，并把此事作为今年第四季度一项重要工作抓紧抓好。

1981年

2月20日，中共中央、国务院作出《关于加强职工教育工作的决定》。这个文件强调了新时期加强职工教育的重大意义，提出了新时期职工教育的方针政策、任务目标及一系列重大措施，决定了职工教育领导体制转变等重大问题，是指导新时期恢复发展职工教育的重要文件。27日，中华全国总工会发出关于贯彻执行该决定的几点意见，要求各级工会组织认真学习和领会该决定精神，在各级党委和职工教育管理委员会的统一安排下，努力做好所承担的工作。

2月25日，中华全国总工会、共青团中央、全国妇联等单位联合发出《关于开展文明礼貌活动的倡议》，倡议全国人民特别是青少年开展以讲文明、讲礼貌、讲卫生、讲秩序、讲道德和心灵美、语言美、行为美、环境美为内容的“五讲四美”文明礼貌活动，使我国城乡的社会风气和道德面貌有了一个根本性的改观，让伟大的祖国以社会主义高度精神文明的新风貌出现在世界前列。

3月，中华全国总工会党组作出《对全国总工会党组第一次扩大会议复查结论》，决定为李立三及受牵连者平反。

6月27日至29日，中国共产党十一届六中全会召开。全会通过《关于建国以来党的若干历史问题的决议》，对新中国成立32年来党的重大历史事件特别是“文化大革命”作出正确总结，实事求是地评价毛泽东的历史地位，科学论述毛泽东思想作为党的指导思想的伟大意义。决议的通过，标志着党在指导思想上拨乱反正任务的完成。

10月7日至12日，中华全国总工会九届三次执委扩大会议召开。倪志福作了题为《贯彻党的六中全会精神，充分发挥广大职工当家作主的积极性，为把国民经济搞上去而奋斗》的工作报告。他指出，工会组织遵循党的十一届三中全会以来的路线、方针、政策，围绕着把我国逐步建设成为现代化的、高度民主、高度文明的社会主义强国这个中心目标，进行了思想上、组织上的整顿和建设，各项工作不仅得到了恢复，而且有了新的发展。更重要的是，由于党中央在这几年中对工会工作有过多次重要指示，在工会的指导思想上应该说基本上完成了拨乱反正的历史任务。

1982年

4月27日至5月2日，中华全国总工会在北京人民大会堂召开全国劳动模范和先进人物代表座谈会，通过了《全国职工守则》。

9月1日至11日，中国共产党第十二次全国代表大会举行。邓小平在开幕词中指出，把马克思主义普遍真理同我国的具体实际结合起来，走自己的路，建设有中国特色的社会主义，这就是我们总结长期历史经验得出的基本结论。胡耀邦作了题为《全面开创社会主义现代化建设的新局面》的报告。报告提出新时期的总任务：团结全国各族人民，自力更生，艰苦奋斗，逐步实现工业、农业、国防和科学技术现代化，把我国建设成为高度文明、高度民主的社会主义国家。报告强调，要在不断提高经济效益的前提下，力争到20世纪末使全国工农业年总产值翻两番。报告指出，我们党是工人阶级政党，必须注意依靠本阶级群众，动员符合条件的党员到生产第一线，同时吸收具备党员条件的优秀工人入党。必须大大加强党在工会中的工作，使工会成为联结党和工人群众的强大纽带。必须认真实行职工代表大会制度，使它和工会都能在思想教育、企业管理和工人生活的改善中发挥重要作用。党的十二大提出的新时期总任务以及工运方针，代表了全国工人阶级的根本利益，为新时期中国工人运动和工会工作的发展开辟了广阔的道路。

12 月 10 日，中华全国职工技术协作委员会成立暨表彰先进大会召开，大会选举王崇伦为全国职工技术协会主任。

1982 年，全国总工会和各级地方工会领导机关进行了机构改革。全国总工会的班子由 26 人减少到九人，平均年龄由 60.2 岁降到 55.6 岁。全国产业工会和全总各工作部门适当合并后由原来的 37 个减少到 21 个。与此同时，地方各级工会组织也按照中央的方针政策和全总的要求，在地方党委的统一领导下，根据本地、本级工会的实际情况进行了机构改革。地方各级工会的工作部门和产业工会设置没有要求和全总完全对口，各地方工会之间也没有都必须一致。这次全国总工会机关和地方工会机关的机构改革，对消除机构臃肿，提高工作效率，推进干部的革命化、年轻化、知识化、专业化和工会组织的群众化起到了一定的积极作用。

1983 年

1 月，中华全国总工会会同中央宣传部、中央组织部、中央书记处研究室、国家经委等单位，在北京召开新中国成立以后首次全国职工思想政治工作会议。中共中央总书记胡耀邦到会作了题为《四化建设和改革问题》的重要讲话。他指出，要搞四个现代化建设，必须进行一系列改革，改革要贯穿四个现代化建设的全过程，这应该成为我党领导四化建设的一个极为重要的指导思想。当前思想政治工作的一项重要任务，就是要使全体党员和全体职工，使整个工人阶级受到一次社会主义优越性和社会主义经济的经营管理方式的生动教育，认清改革同实现共产主义远大目标的关系。全党同志和工人阶级要站在改革的前列，支持改革，参加改革，领导改革。会议广泛交流了思想政治工作的经验，根据改革精神，围绕思想政治工作一系列问题进行了认真深入的讨论。

3 月 14 日，中共中央书记处讨论中国工会十大工作报告提纲和十届执委会主席团（常委）组成的初步设想，并对工会问题作出重要指示。中共中央书记处指出，工会应当是在党的领导下，代表工人阶级利益，为工人阶级办事的群众性组织。今后工会工作一定要从自己是党领导下的群众组织这个特点出发，切切实实地为职工办事，办些具体的好事，把职工的积极性调动起来，一定要维护职工的根本利益，勇敢地扶持正气，压制邪气，在社会和国家生活中起积极作用，一定要面向工厂、面向工人，密切联系群众，反映职工的呼声和要求，真正成为“职工之家”、“工人之友”。中共中央书记处还指出，目前工会工作面临着开创新局面的伟大任务，要认真研究如何改革，包括体制改革、制度改革、工作方法和工作作风的改革。关于组织问题，中共中央书记处指出，各级工会组织机构的变化不宜过大，主要是新班子人员的组成方面应该有一个显著的变化，要解放思想，拓宽视野，按照德才兼备的原则，经过充分的群众路线，把一批年富力强、有文化知识、同工人群众有密切联系的中青年干部提拔到领导岗位上来。这些指示，体现了党的十二大精神，进一步明确了工会的性质和任务，确定了新时期工会工作的方针，并对中国工会十大准备工作提出了具体要求，从而为这次大会的召开作了最重要、最直接的准备。

7 月，中共中央批转《国营企业职工思想政治工作纲要（试行）》，并向各地发出通知，要求加强对企业职工思想政治工作的领导，责成中共中央宣传部牵头，中共中央组织部、中共中央书记处研究室、国家经委、全国总工会、共青团中央、全国妇联参加，组成全国职工思想政治工作领导小组，在中共中央书记处的领导下工作。全国总工会要求各级工会认真贯彻执行该纲要（试行），努力做好新时期的思想政治工作。方针政策的明确，领导力量的加强，为职工思想政治工作的开展指明了方向。此后，各级工会按照该纲要（试行）的要求，根据经济体制改革的新形势和职工队伍的新特点，有重点地推进工作。

10 月 18 日至 29 日，中国工会第十次全国代表大会在北京举行。出席会议的代表有 1998 人，特邀代表 328 人，代表着会员 7331 万人。中共中央政治局常委、国家主席李先念代表中共中央、国务院向大会致辞。他指出，实现党的十二大确定的宏伟目标，在不断提高经济效益的前提下，力争到本世纪末使全国工农业总产值翻两番，把我国建设成为现代化的、高度文明、高度民主的社会主义国家，是全国人民共同的历史使命，也是新时期工人运动的根本任务。为适应这个根本任务的要求，工会必须把提高广大职工的思想政治素质和科学文化素质，在两个文明建设中发扬工人阶级的主人翁精神当作自己的首要职责。倪志福作题为《在社会主义物质文明和精神文明建设中发扬工人阶级的主人翁精神》的工作报告。报告回顾了中国工会九大以来，在党中央的领导和亲切关怀下，我国工人运动和工会工作所取得的成绩，肯定了广大职工群众和工会工作者在四化建设中所作出的巨大贡献，提出新时期工会工作的方针应当是：以四化建设为中心，为职工说话、办事，维护职工的合法权益，加强对职工的思想政治教育和文化技术教育，建设一支有理想、有道德、有文化、守纪律的职工队伍，充分发挥工人阶级在社会主义物质文明和精神文明建设中的主力军作用。倪志福当选为中华全国总工会主席，顾大椿、尉健行、罗干、王崇伦、章瑞英、王家宠、蒋毅当选为副主席。倪志福为书记处第一书记，尉健行、罗干、王崇伦、章瑞英、陈秉权、刘实、王申详、王珣、张富有、李雪莹为书记处书记。黄民伟为经费审查委员会主任。中国工会十大是全国职工加强团结、建设社会主义现代化强国的动员大会，是开创中国工人运动和工会工作新局面的誓师大会。这次大会的胜利召开和它所确立的新时期工人运动和工会工作的方针、任务，是党的十二大精神在工运领域的生动体现，标志着中国工人运动和工会工作进入了一个新的发展阶段。

1984年

4月，中华全国总工会在天津召开全国小企事业单位生活福利工作经验交流会，推广天津市各级工会在党政部门的支持下，积极解决小企业事业单位职工的生活福利问题，因陋就简办“三小”（小食堂、小淋浴、小厕所）改善职工劳动和生活条件的经验。会议认为，天津的经验为各地工会解决小企事业单位职工生活福利问题闯出了一条新路。会议强调，要从有利于四化建设大目标出发来对待小企业事业单位的生活福利问题。工会要主动配合行政抓好这项工作，组织发动群众，因地制宜、因陋就简地自己动手谋福利，要多为职工办一些看得见、摸得着的实事、好事。这次会议以后，各地工会结合自身实际，本着“因地制宜，因陋就简，少花钱，多办事”的原则，为职工兴办了大量小型生活福利设施，在改善和方便职工生活、减少职工生活支出、解决职工生活后顾之忧方面发挥了重要作用。

5月，中华全国总工会作出《关于整顿工会基层组织，开展建设“职工之家”活动的决定》，要求自1984年下半年起，用三年左右时间，对全国工会基层组织普遍进行一次整顿，推进开展建设“职工之家”活动。

6月，中华全国总工会作出《关于在职工中建立和发展各种兴趣爱好小组的决定》。决定要求，各级工会组织要从实际出发，走群众路线，尊重群众的意愿，实行自愿参加、自由结合、自办活动、自定章法，做到少花钱多办事、不花钱也办事，建立各种兴趣爱好小组。对职工兴趣爱好小组，要做到思想上指导、兴趣上引导和活动上辅导，尽可能有计划地举办一些讲座和训练，不断提高各项活动的水平。各地工会认真贯彻落实决定精神，广泛开展了职工兴趣小组活动。

10月，中国共产党召开十二届三中全会，通过《中共中央关于经济体制改革的决定》。决定突破了将社会主义与商品经济对立起来的传统观念，强调发展有计划的商品经济。改革的任务是建立充满生机的社会主义经济体制，促进社会生产力的发展。增强企业活力是整个经济体制改革的中心环节。企业活力的源泉，在于激发脑力劳动者和体力劳动者的积极性、智慧和创造力。需要正确解决好国家和全民所有制企业的关系，扩大企业自主权，使企业真正成为相对独立的经济实体，成为自主经营、自负盈亏的社会主义商品生产者和经营者，具有自我改造和自我发展能力，成为具有一定权利和义务的法人；要正确解决好职工和企业的关系，真正做到职工当家作主，做到每个劳动者在各自的岗位上以主人翁的姿态进行工作，人人关注企业的经营，人人重视企业的效益。党的十二届三中全会对经济体制改革特别是城市经济体制改革进行了规划和部署，推动了以城市为重点的整个经济体制改革。

为了贯彻党的十二届三中全会精神，迎接以城市为重点的全面经济体制改革，做好新形势下的工会工作，中华全国总工会于12月召开十届二次执委会议。中共中央书记处候补书记郝建秀到会作重要讲话。她指出，在改革的新形势下，衡量企业工会工作的标准有三条：一是看工会工作的中心是不是转移到经济建设的轨道上来了；二是看工会工作的重点是不是深入到车间、班组中去了；三是看职工代表大会是不是建立和健全起来了。会议作出《认真贯彻党的十二届三中全会精神，充分发挥工会组织在经济体制改革中的作用的决议》。决议强调，工会和工人阶级要站在改革这个时代潮流的前列，担负起推动改革、促进社会生产力发展的历史责任；要进一步把工会工作的指导思想落实到以四化建设为中心，推进经济体制改革上来，正确处理全局和局部的关系，在改革的全局中找到和主动摆上自己的位置，注意在重大决策中发挥作用；工会要正确解决好发展生产、发展经济与维护职工利益的关系，在改革中注意维护职工利益。全总十届二次执委会议明确具体地解决了工会在经济体制改革中的方针、任务、措施和工作方法等一系列问题，特别是它正确提出的以经济建设为中心，把发展生产力同维护职工利益统一起来的指导思想，进一步统一了工会干部的认识，使中国工会十大的正确方针得到进一步落实。

1985年

1月，中华全国总工会在广东省深圳市召开全国经济特区、沿海开放城市中外合资企业工会工作座谈会。会议对全总起草的《关于中外合资、合作企业和外商独资企业工会暂行条例（初稿）》进行了讨论，着重明确四个问题：一是从指导思想上进一步明确工会工作要为贯彻党的对外开放政策、积极扩大对外经济技术交流与合作服务；二是在中外合资、合作和外商独资企业中建立工会组织，开展工会活动的重要性、必要性和紧迫性；三是工会要充分考虑“三资”企业特点，正确处理各方面关系，本着新事新办、不断探索、逐步完善的精神去开展工作；四是要大力加强工会干部队伍建设。这次座谈会的召开对“三资”企业工会工作的开展有着重要指导和推动作用。

2 月，中华全国总工会颁布《职工自学成才奖励暂行条例》。条例规定，凡未经高等院校系统学习的职工，经过自学达到或相当于大学专科文化水平，并有发明创造、取得重要学术成果、显著提高经济效益或在文学艺术领域有特殊造诣，均可申请奖励，经各省、自治区、直辖市总工会推荐，由全国总工会组织的职工自学成才评选委员会评定，获奖者由全总颁发奖状、奖章和奖金。全总的这一重要措施，使广大职工自学成才者备受鼓舞，同时吸引了更多的职工参加到自学的行列中来，这对提高职工队伍的素质、培养更多的人才、加速社会主义现代化建设起了重要的推动作用。

8 月，中华全国总工会党组在向中共中央并报国务院的《关于工会参加党和政府的有关会议和工作机构的请示》中提出三项建议：中央、国务院及有关部委在研究、制订有关国家的经济和社会发展计划及重大方针政策时，凡涉及职工切身利益问题时，通知全国总工会参加必要的会议或工作；吸收工会参加涉及职工利益的各项重大改革的领导机构；各产业部和地方应参照上述原则，吸收产业工会和地方工会参与这方面的工作和活动。11月，中共中央、国务院予以同意和确认。

9月18日至23日，中国共产党全国代表会议在北京举行。会议通过《中共中央关于制定国民经济和社会发展第七个五年计划的建议》。建议提出，必须坚持把改革放在首位，使改革和建设互相适应、互相促进，坚持社会总需求和总供给的基本平衡，使积累和消费保持恰当的比例，坚持把提高经济效益特别是提高产品质量放到十分突出的位置上来，正确处理好质量和数量、效益和速度的关系，坚持在推进物质文明建设的同时，大力加强社会主义精神文明建设。建议确定“七五”期间争取基本上奠定有中国特色的新型社会主义经济体制的基础，大力促进科学技术进步和智力开发，不断提高经济效益，使1990年的工农业总产值和国民生产总值比1980年翻一番或者更多一些，使城乡居民的人均实际消费水平每年递增百分之四到百分之五，使人民的生活质量、生活环境和居住条件都有进一步改善。

为了贯彻落实党的全国代表会议精神，中华全国总工会于11月9日至14日在北京召开十届三次执委会。会议通过《团结奋斗，改革创新，为实现“七五”计划建功立业》的决议。决议要求，全国职工一定要站在改革的前列，为改革创造良好的经济环境和社会环境，使改革顺利展开，为基本奠定新的经济体制的基础作出重大贡献。会议还通过《在经济体制改革中加强城市工会工作的意见》。意见强调，加强城市工会工作的关键在于进一步明确指导思想，紧紧围绕着四化建设和经济体制改革，使工会工作同城市改革相适应，充分发挥自身的特点和优势，为城市改革出力，增强工会在政治、经济和社会生活中的地位和活力，在城市的两个文明建设中充分发挥作用。

1986年

3月，中华全国总工会在北京召开地方工会办公室主任会议。会议强调，各级工会要提高认识，加强领导，尽快把全总，省级工会和省、自治区所辖市级工会这三个层次的信息网络建立起来，要使信息工作为党政领导机关服务，为上级和同级服务，为职工群众服务。

3月，六届全国人大四次会议通过“七五”计划。4月13日，中华全国总工会发出通知，号召全国职工积极行动起来，开展社会主义劳动竞赛，为实现“七五”计划建功立业。各级工会干部和职工群众积极响应，迅速在全国范围内掀起为实现“七五”计划建功立业的热潮。

4月，中华全国总工会召开全国工会干部教育工作会议，研讨“七五”期间工会干部培训规划要点。会议要求，加强工会干部院校建设，配备好领导班子，建立一支懂得马克思主义、熟悉工会业务的教师队伍；建立相对稳定的教育体制、学制，专业设置、考核和管理制度，使工会干部培训逐步走向正规化。同时要广开门路，实行多层次、多形式培训，依靠社会力量为各级工会培训工会干部。培训的有效开展，大大提高了工会干部的理论政策水平和参政议政能力，为工会在改革中发挥更大的作用提供了重要的干部和组织保障。

7 月，国务院发布《国营企业实行劳动合同制暂行规定》《国营企业招用工人暂行规定》《国营企业辞退违纪职工暂行规定》《国营企业职工待业保险暂行规定》。中华全国总工会参与了这四个暂行规定的制定，并与中共中央宣传部、国家经委、劳动人事部联合印发《劳动制度改革宣传提纲》。同年 12 月，全国总工会发出《关于工会积极推进劳动制度改革工作的意见》。各级工会运用宣传阵地，采取多种形式，宣传劳动制度改革的重大意义和有关政策，消除职工的思想顾虑；举办培训班，为工会更好地参与劳动制度改革培养了一大批懂政策、懂业务的干部；参加调查研究，协助有关部门研究制定有关劳动制度改革的法规和实施办法，了解和解决劳动制度改革中出现的新情况和新问题，参与同级劳动争议仲裁委员会。

7 月 31 日至 8 月 3 日，中华全国总工会在北京召开全国工会职工思想政治工作会议。会议着重分析研究了经济体制改革以来，我国职工队伍的思想状况和思想政治工作面临的新形势与任务，探讨进一步加强和改善职工思想政治工作，提高职工队伍素质的途径，以加强对改革和发展商品经济的适应能力，创造宽松、和谐、团结的社会环境，推进改革顺利发展，充分发挥工人阶级在两个文明建设和实现“七五”计划中的主人翁精神和主力军作用。会上有10个单位的代表介绍了如何做好职工思想政治工作的经验。

9月，中共中央、国务院颁发《全民所有制工业企业厂长工作条例》《中国共产党全民所有制工业企业基层组织工作条例》《全民所有制工业企业职工代表大会条例》。

1987年

2月，中华全国总工会发出通知，要求各地工会、产业工会动员广大职工广泛开展增产节约、增收节支运动。全总强调，“双增双节”运动必须做到五个结合：要与加强职工思想政治工作相结合，要同深化改革相结合，要与兑现合理化建议奖励条例相结合，要与加强企业管理相结合，要与关心职工生活相结合。仅据河北、黑龙江、吉林、山西、山东五省1987年的统计，通过劳动竞赛形式实际创造“双增双节”价值达58亿多元。

7月，中华全国总工会书记处研究如何适应当前形势，发挥工会在改革中的作用和工会自身改革问题。会议认为，随着经济体制和政治体制改革步伐加快，工会改革已成为最紧迫、最重要的问题。为此，工会干部必须进一步解放思想，把更多的注意力放在研究改革、推进改革和积极大胆进行改革探索上来。会议要求各级工会必须立即行动起来，集中力量抓紧调查研究，在思想理论上和各项工作安排上为工会改革的全面展开做好准备。会后，全总办公厅向各省、自治区、直辖市总工会和全国各产业工会转发了这次会议的纪要，并发出通知，要求开展调查研究，总结实践经验，进行理论探讨。

8 月，中华全国总工会、国家经委等单位在北京举行全国首次班组建设优秀成果发布会，检阅在为实现“七五”计划建功立业和“双增双节”运动中班组建设的新成果。在这次评选中，全国有 65 个班组的优秀成果当选，其中有 36 个班组代表应邀在会上发布了自己的班组建设成果，显示了巨大的社会效应，引起了强烈反响。

10 月 25 日至 11 月 1 日，中国共产党第十三次全国代表大会召开。大会系统地阐述了社会主义初级阶段的理论，提出了党在社会主义初级阶段的基本路线：领导和团结全国各族人民，以经济建设为中心，坚持四项基本原则，坚持改革开放，自力更生，艰苦创业，为把我国建设成为富强、民主、文明的社会主义现代化国家而奋斗。党的十三大提出，按照所有权和经营权分离的原则，搞活全民所有制企业；促进横向经济联合的进一步发展；加快建立和培育社会主义市场体系；逐步健全以间接管理为主的宏观经济调控体系；在公有制为主体的前提下继续发展多种所有制经济；实行以按劳分配为主体的多种分配方式。同时，党的十三大对政治体制改革的目标和任务作出明确规定。党的十三大高度重视在改革中发挥工会等群众组织的重要作用和职能，认为工会等群众团体历来是党和政府联系工人阶级和人民群众的桥梁和纽带，在社会主义民主生活中具有重要作用；各种群众团体要在维护全国人民总体利益的同时，更好地表达和维护各自所代表的群众的具体利益。党的十三大要求全党充分发挥广大工人、农民、知识分子的积极性和创造性，加强对劳动者的职业教育和在职继续教育，努力建设起一支素质优良、纪律严明的劳动大军。

1988 年

“五一”节前夕，中华全国总工会通报表扬在开展技术扶贫工作中作出突出贡献的江苏、浙江、黑龙江、湖北、湖南、福建和上海七个省市总工会。工会系统技术扶贫工作的开展，是广大职工群众为实现“七五”计划建功立业的实际行动。它充分显示了工人阶级在两个文明建设和巩固工农联盟中的重大作用，并为老少边贫地区群众的脱贫致富，进而为国家的经济发展作出了重要贡献。

9 月 26 日至 30 日，中国共产党十三届三中全会召开。这次全会为了应对严峻的经济形势，提出了治理经济环境、整顿经济秩序、全面深化改革的指导方针和政策措施。要以扭转物价上涨幅度过大的势态，创造理顺价格的条件，使经济建设持续、稳步、健康地发展。治理经济环境，主要是压缩社会总需求，抑制通货膨胀。治理整顿必须同加强和改善新旧体制转换时期的宏观调控结合起来，综合运用经济的、行政的、法律的、纪律的和思想政治工作的手段，五管齐下进行宏观调控。中央强调，这一重大决策的实施，要依靠职工群众的积极性，努力参加到推进深化企业改革、提高经济效益的决定性任务中去，依靠职工群众全力支持并参加到反腐败的斗争中去，克服社会和经济生活中的各种消极现象。

10月5日至9日，中华全国总工会十届六次执委扩大会议在北京举行。会议的主题是贯彻党的十三届三中全会精神，为开好中国工会十一大做准备。全总主席倪志福号召全国职工和各级工会组织，认真学习好党的十三届三中全会精神，坚定不移地贯彻党中央的重大决策，在治理经济环境、整顿经济秩序、全面深化改革中充分发挥我国工人阶级的主力军作用。会议原则通过本届执委会向中国工会十一大所作的工作报告。会议还讨论通过《工会改革的基本设想》。该文件提出，工会改革的目标是：遵循党的纲领和路线，把工会建设成为独立自主、充分民主、职工信赖的工人阶级群众组织，在国家和社会生活中发挥重要作用的社会政治团体。近期改革的内容是：理顺工会和党的关系，理顺工会和政府与行政方面的关系，使工会依法独立自主地开展工作；密切工会与群众的联系，以增强基层工会活力为中心环节，深入进行工会的自身改革，明确工会的社会职能和工作方针，改革组织制度与活动方式，克服“官办”气息和行政化倾向，实现工会组织的群众化、民主化。

10月22日至28日，中国工会第十一次全国代表大会在北京举行，来自全国各地区、各部门、各民族的1515名代表出席会议。中共中央、国务院的祝词指出，中国工会十一大对于动员全国工人阶级投身全面深化改革和社会主义现代化建设伟大事业、对于推进中国工会的改革具有重要意义；强调工人阶级是我国的领导阶级，是推动社会发展和进步的强大力量；高度评价我国工人阶级在改革开放和社会主义建设中的巨大贡献和重要作用；充分肯定我国工会在团结广大职工投身改革和建设事业，促进国家经济繁荣和维护社会安定团结中的重要作用。倪志福作题为《推进工会改革，团结亿万职工在全面深化改革中发挥主力军作用》的工作报告。报告提出工会在全面深化改革中的方针和任务，即以经济建设为中心，立足改革全局，把发展生产力和维护职工利益结合起来，增强基层工会活力，实现工会的群众化、民主化，团结广大职工为建设有中国特色的社会主义而奋斗。为贯彻实施这一方针，要着重做好四项工作：发挥职工群众积极性，提高企业经济效益；参与协调社会矛盾，促进全面深化改革；推进民主政治建设，维护社会安定团结；加强精神文明建设，提高职工队伍素质。倪志福当选为全国总工会主席，朱厚泽、王厚德、陈秉权、章瑞英、郑万通、李容光、李沛瑶为副主席；朱厚泽为书记处第一书记，王厚德、陈秉权、章瑞英、郑万通、李容光、李沛瑶、方嘉德、张富有、于庆和为书记处书记；王珣为经费审查委员会主任。

1989年

在1989年春夏之交的政治风波中，工人阶级立场坚定、旗帜鲜明，为制止动乱和平息反革命暴乱作出重大贡献。6月9日，邓小平在接见首都戒严部队军以上干部时的讲话中指出，工人阶级靠得住。

6月23日至24日，中国共产党十三届四中全会召开。全会选举江泽民为中央委员会总书记。全会强调，要继续坚决执行党的十一届三中全会以来的路线、方针和政策，继续坚决执行党的十三大确定的“一个中心、两个基本点”的基本路线，全心全意依靠工人阶级。

7月25日至28日，中华全国总工会召开十一届三次主席团（扩大）会议。会议的主要议题是认真学习党的十三届四中全会精神和邓小平的重要讲话，围绕四中全会精神研究部署工会工作。倪志福作题为《贯彻党的十三届四中全会精神，更好地发挥工会的积极作用》的讲话。中共中央对这次会议十分重视。7月26日，中共中央总书记江泽民等领导人在中南海怀仁堂同出席会议的全体成员进行了座谈。江泽民就工人阶级的主人翁地位、工会工作等问题发表了重要意见，并希望工会工作要继续贯彻执行党的十一届三中全会以来的一系列路线、方针、政策，落实中国工会十一大精神，按照这次全总主席团会议提出的要求开展工作。

9月28日，中共中央、国务院隆重召开全国劳动模范和先进工作者表彰大会，授予1987人全国劳动模范光荣称号，授予803人全国先进工作者光荣称号。中共中央政治局常委、国务院总理李鹏在讲话中强调，党中央、国务院在北京隆重召开全国劳动模范和先进工作者表彰大会，就是要充分肯定先进模范人物的带头作用、骨干作用和桥梁作用，就是要坚决支持他们在各条战线上的创造性劳动和无私奉献，就是要动员和号召全国人民向他们学习。

11月6日至9日，中国共产党十三届五中全会召开。全会审议并通过了《中共中央关于进一步治理整顿和深化改革的决定》，强调要继续坚定不移地执行治理整顿和深化改革的方针，用三年或者更长一点时间，基本完成治理整顿的任务，并确定了治理整顿的主要目标和具体途径。

12月21日至25日，中华全国总工会第十一届第二次执委会议在北京举行，倪志福向会议作工作报告。报告肯定了中国工会十一大以来的工会工作，着重阐述了1990年工会工作面临的形势、任务和指导思想，强调要用党的十三届五中全会精神武装广大工会干部的思想，并向职工群众做好宣传教育工作，使大家认清形势，增强信心，同心同德，艰苦奋斗。

12月，中共中央印发《关于加强和改善党对工会、共青团、妇联工作领导的通知》。通知充分体现了党中央关于全心全意依靠工人阶级的指导思想和对工会工作的高度重视与支持，深刻阐述了社会主义条件下工会等群众组织的性质、地位、作用，以及党对工会领导的正确原则、方针、政策，并就加强和改善党对工会工作领导的基本指导思想、指导原则、目标途径及方式方法等作出一系列规定。它是新中国成立以后第一个专门论述加强和改善党对工会等群众组织领导、充分发挥工会等群众组织作用的中央文件，其指导意义十分重大。

1990 年

2 月，中共中央宣传部、国家计委、全国总工会联合发出《关于在企业职工中进行基本国情与基本路线教育的通知》。通知要求，今后两三年对职工系统的思想政治教育，应以基本国情与基本路线为主题，结合形势、任务和职工思想实际，认真组织进行。内容要突出以下三点：一是历史与国情，二是建设与改革，三是传统与使命。通知下发后，引起各级党政部门和工会的高度重视，认为这是一项功在长远、行及当前的根本性的基本建设，必须认真抓好。此后，“双基”教育由点到面，在全国逐步推开。

3 月 9 日至 12 日，中国共产党十三届六中全会召开。全会通过《中共中央关于加强党同人民群众联系的决定》，高度概括和精辟阐述了党在领导中国革命和建设的长期实践过程中形成的党的群众工作理论的基本观点，这些基本观点闪耀着马克思主义的理论光辉。决定阐述的党的群众工作理论，也是做好工会工作的强大思想理论武器。

4 月 12 日至 15 日，中华全国总工会召开第十一届六次主席团会议。会议要求各级工会认真做好四项工作：一是把组织工会干部下基层作为一项制度长期坚持下去；二是通过多种形式，对职工群众进行形势、任务教育，把思想政治工作深入到车间和班组，使广大职工真正懂得国家的稳定、社会的稳定是工人阶级和全国人民的根本利益之所在；三是切实维护职工群众在政治上、经济上、生活上的合法权益；四是发挥工会作为职工群众有组织、有纪律、有领导地参政议政的民主渠道的作用，多做疏解矛盾的工作。

11 月 26 日至 30 日，中华全国总工会在上海召开全国经济技术劳动保护工作会议。会议提出，全国职工和工会经济工作者要加强经济形势研究，把握经济发展趋势，积极主动提出建议；要积极支持改革，推进改革，努力完善承包制；要努力促进经济结构的调整，使我国的经济逐步走上持续、稳定、协调发展的轨道；要继续深入开展以“双增双节”为主要内容的社会主义劳动竞赛，不断提高企业的经济效益。

12 月 25 日至 30 日，中国共产党召开十三届七中全会，审议通过《中共中央关于制定国民经济和社会发展十年规划和“八五”计划的建议》。全会强调，20 世纪 90 年代是振兴中华的重要历史时期，是中国经济和社会发展的关键十年。要在大力提高经济效益和优化经济结构的基础上，国民生产总值比 1980 年翻两番，平均每年增长 6% 左右；全国人民生活从温饱达到小康水平；发展教育事业，推动科技进步，改善经营管理，调整经济结构，加强重点建设，为 21 世纪初叶中国经济和社会的持续发展奠定物质技术基础；初步建立适应以公有制为基础的社会主义有计划商品经济发展的、计划经济和市场调节相结合的经济体制和运行机制；社会主义精神文明建设达到新的水平，社会主义民主和法制进一步健全。第二步战略目标的这些基本要求，反映了中国国民经济和社会发展的历史进程，表达了全国人民振兴中华、强国富民的迫切愿望和雄心壮志。

1991 年

1991 年是治理整顿的最后一年，也是实施“八五”计划的第一年。国务院决定，当年在全国范围内开展一个“质量、品种、效益年”活动，要求所有企业及机关团体，都提出明确的目标，制定切实可行的措施来落实这一活动。为了贯彻落实国务院决定精神，各级工会动员组织职工积极投入“质量、品种、效益年”劳动竞赛活动。各行各业的广大职工千方百计提高产品质量，改进产品性能，开发新产品，增加适销对路的品种，降低能源、原材料消耗，疏通销售渠道，加快资金周转，深入开展“双增双节”，努力提高经济效益。

6 月 26 日，中共中央办公厅批转全国总工会党组《关于进一步发挥工人阶级主力军作用需要解决的几个问题的报告》。报告强调，要发挥职工群众参与管理国家和社会事务的作用；

报告提出，各级政府和政府部门，在制定国家与地方的经济和社会发展计划、经济和政治体制改革方案，以及有关社会主义精神文明建设、廉政建设、社会分配等重大方针政策时，要广泛听取职工群众的意见，并建议在提名、选举各级人民代表大会的代表时，适当增加产业工人的名额，在人民政协委员中也需适当增加产业工人名额；报告还指出，要切实保障职工群众在企事业单位中的主人翁地位和权利，认真落实职代会职权，重视从优秀工人中发展党员、选拔干部，加强对工人阶级历史地位和主力军作用的宣传，组织职工深入开展社会主义劳动竞赛，认真解决分配方面存在的问题，进一步完善社会保障制度、劳动保护制度，抓好涉及职工切身利益的有关法律、法规的完善和实施工作，提高职工队伍的整体素质。

12 月，中华全国总工会召开第十一届四次执委会议。会议提出，对职工进行社会主义思想教育，必须坚持正面教育、自我教育和理论联系实际的原则。职工思想政治工作要面向基层，落实到班组，继续开展职工读书自学活动，办好职工业余政治学校，抓好工人理论队伍建设，组织职工业余学习小组，搞好各种群众性自我教育活动。会议要求，工会要积极参与有关政策措施的研究、制定和实施，从政策上鼓励职工学技术、练技术，提高技术水平；鼓励职工立足岗位，自学成才。要充分发挥职工技协和工会各级各类职工学校的作用，通过技术协作、技术比赛、岗位练兵、岗位培训、老工人献绝技和总结推广先进操作方法等活动，努力帮助职工增进科技知识，提高操作技能。这次会议为把职工思想政治教育和科学文化技术教育提高到新水平起到了重要的推动作用。

1992 年

1 月 18 日至 2 月 21 日，邓小平在武昌、深圳、珠海、上海等地视察，对改革开放的一系列重大问题作了精辟论述。邓小平指出，革命是解放生产力，改革也是解放生产力。过去，只讲在社会主义条件下发展生产力，没有讲还要通过改革解放生产力，不完全。应该把解放生产力和发展生产力两个讲全了。他强调，要坚持党的十一届三中全会以来的路线、方针、政策，关键是坚持“一个中心、两个基本点”。要加快改革开放的步伐，改革开放胆子要大一些，敢于试验。姓“资”还是姓“社”的问题，判断的标准，应该主要看是否有利于发展社会主义社会的生产力，是否有利于增强社会主义国家的综合国力，是否有利于提高人民的生活水平。关于计划与市场的关系问题，邓小平说，计划多一点还是市场多一点，不是社会主义与资本主义的本质区别。计划经济不等于社会主义，资本主义也有计划；市场经济不等于资本主义，社会主义也有市场。计划和市场都是经济手段。社会主义的本质，是解放生产力，发展生产力，消灭剥削，消除两极分化，最终达到共同富裕。社会主义要赢得与资本主义相比较的优势，就必须大胆吸收和借鉴人类社会创造的一切文明成果，吸收和借鉴当今世界各国包括资本主义发达国家的一切反映现代社会化生产规律的先进经营方式、管理方法。走社会主义道路，就是要逐步实现共同富裕。抓住时机，发展自己，关键是发展经济。发展才是硬道理。邓小平南方谈话不仅对开好中国共产党十四大具有十分重要的指导作用，而且对中国整个社会主义现代化建设事业具有重大而深远的意义。

4 月 3 日，修改后的《中华人民共和国工会法》正式实施，这是中国职工生活中的一件大事，也是工会建设史上的一件大事。新的《工会法》体现了具有中国特色的社会主义工人运动和工会工作的基本特征。在工会性质上，体现在自愿结合基础上，坚持阶级性和群众性的统一；在工会活动准则上，坚持党对工会的统一领导与工会依照法律和章程独立自主地、创造性地开展工作的统一；在工会的主要任务上，坚持维护、建设、参与、教育等任务的完整性和有机结合；在工会工作的指导思想上，坚持工会在维护全国人民总体利益的同时，依法维护职工的具体利益；在工会组织原则上，坚持民主集中制，保证工人阶级队伍与工会组织的团结统一；在工会与政府及企事业行政关系上，坚持双方在根本利益一致基础上的相互尊重和相互支持。中共中央宣传部、全国总工会、司法部于 4 月联合发出《关于认真学习、宣传〈工会法〉的通知》，要求各级党委宣传部门、总工会和司法行政部门在同级党委的统一领导下，加强对学习、宣传《工会法》的具体组织领导。

10 月 12 日至 18 日，中国共产党第十四次全国代表大会召开。江泽民作题为《加快改革开放和现代化建设步伐，夺取有中国特色社会主义事业的更大胜利》的报告。报告总结了党的十一届三中全会以后十四年的实践经验，认为我们取得改革开放胜利的根本原因是坚持把马克思主义基本原理同我国具体实际相结合，逐步形成和发展了建设有中国特色社会主义的理论。这个理论第一次比较系统地初步回答了中国这样的经济文化比较落后的国家如何建设社会主义、如何巩固和发展社会主义的一系列基本问题，用新的思想、观点继承和发展了马克思主义。十四年经验集中到一点，就是毫不动摇地坚持以建设有中国特色社会主义理论为指导的党的基本路线。党的十四大作出三项历史性决策：一是确立邓小平建设有中国特色社会主义理论在全党的指导地位，二是明确中国经济体制改革的目标是建立社会主义市场经济体制，三是要求全党抓住机遇，加快发展，集中精力把经济建设搞上去。以邓小平南方谈话和党的十四大为标志，中国社会主义改革开放和现代化建设事业进入新的发展阶段。

1993 年

5 月 22 日，上海益兴食品厂工会成立。这是改革开放以来上海市第一家私营企业工会。

9 月，中华全国总工会在无锡召开全国乡镇企业工会工作会议，形成《中华全国总工会关于加强乡镇企业工会工作的意见》。会后，全总向中共中央写了报告。1993年底，中共中央办公厅召集全总和农业部就乡镇企业工会工作的有关问题进行协调，形成了《协调会议纪要》，这对于进一步统一有关方面的思想认识，共同抓好乡镇企业工会工作起了重要的作用。

10月24日至30日，中国工会第十二次全国代表大会召开。由地方工会、产业工会、中共中央直属机关、中央国家机关工会分别选出的1600名代表和296名特邀代表以及21名港澳地区工会界代表出席大会，代表着全国2亿名职工和1亿多名工会会员。江泽民在接见中国工会十二大主席团常务主席时指出，要积极探索有中国特色社会主义工会工作的新路子，努力开创工会工作的新局面。胡锦涛代表党中央、国务院向大会致题为《我国工人阶级的伟大使命》的祝词，强调在社会主义市场经济条件下，工会的地位和作用更加重要，工会的任务和责任更加重大，并对工会的改革和建设提出了具体要求。张丁华向大会作题为《团结动员全国职工发挥主力军作用，为夺取有中国特色社会主义事业的更大胜利而奋斗》的工作报告。报告回顾了党的十一届三中全会以后工人运动的伟大成就，总结了工会工作的基本经验。报告指出，在发展社会主义市场经济的形势下，工会思想观念不完全适应客观形势的要求。必须适应社会主义市场经济要求，建立稳定协调的劳动关系，保障职工的主人翁地位。工会要代表职工加大调节劳动关系的力度，在维护职工民主权利的同时，有效地维护职工的劳动权利和物质文化利益。必须高度重视对国家和地方的立法参与和决策参与，搞好制定法律、法规和重大改革方案等宏观层次上的参与和维护，使基层工会在维护职工具体利益时，有法可依，有章可循。尉健行当选为中华全国总工会主席，张丁华、杨兴富、李奇生、刘珩、江家福、张国祥、方嘉德、薛昭鋆、滕一龙为副主席；张丁华为书记处第一书记，杨兴富、李奇生、张国祥、方嘉德、薛昭鋆、滕一龙、肖振邦、李永安、单亦和为书记处书记；张富有为经费审查委员会主任。中国工会十二大继往开来、团结奋进，鼓舞和指引中国工人阶级和工会，为完成新阶段的改革建设任务和继续探索建设有中国特色社会主义工会工作新路子而努力奋斗。

11月，中国共产党十四届三中全会召开，作出《中共中央关于建立社会主义市场经济体制若干问题的决定》。该文件明确提出整体推进、重点突破的改革战略，制订了在经济体制的各个方面推进改革的具体方案，要求在20世纪末把社会主义市场经济体制初步建立起来。

1994年

1月，中华全国总工会向中共中央上报《关于外商投资企业劳动关系和组建工会情况的报告》。4月中旬，中共中央办公厅、国务院办公厅转发全总的报告，为加强外商投资企业工会工作提供了指导性文件。6月，中华全国总工会在石家庄召开外商投资企业工会工作会议，认真讨论了中华全国总工会关于加快外商投资企业工会组建步伐和加强工会工作的意见。

6月23日至26日，中华全国总工会在河北省石家庄市召开十二届三次主席团会议和全国职工民主管理工作会议。会议总结交流了改革开放以来职工民主管理工作的经验，研究了新形势下进一步加强职工民主管理工作的新思路，明确了今后一个时期职工民主管理工作的方针任务。中共中央政治局委员、中华全国总工会主席尉健行在会上发表讲话，强调深入学习邓小平建设有中国特色社会主义理论，用这一理论武装头脑和指导职工民主管理与工会各项工作。会上，河北省总工会、石家庄市总工会、邢台机械轧辊股份有限公司等单位介绍了做好职工民主管理工作的经验。会议原则通过了《中华全国总工会关于在建立社会主义市场经济体制中加强职工民主管理工作的意见》。意见分析了职工民主管理面临的新形势，明确了新形势下职工民主管理的任务和目标，提出了不同所有制、不同经营方式的企业和事业单位职工民主管理新的实现形式与途径，形成了新时期职工民主管理工作的基本思路。

7月5日，第八届全国人民代表大会常务委员会第八次会议通过《中华人民共和国劳动法》。该法是社会主义市场经济的产物，是几十年来这方面工作经验的结晶，其根本立法宗旨是调整劳动关系，维护劳动者权益。它从我国宪法的基本原则出发，对劳动者的权利、义务和权益保护等作出了明确而具体的规定，对用人单位和劳动者提出了一系列行为规范，将劳动关系的调整纳入了法制轨道。根据《劳动法》规定，劳动者享有平等就业和选择职业的权利、取得劳动报酬的权利、休息休假的权利、获得劳动安全卫生保护的权利、接受职业技能培训的权利、享受社会保险和福利的权利、提请劳动争议处理的权利以及法律、法规规定的其他劳动权利。《劳动法》不仅明文规定了劳动者享有的各项权利，而且建立、健全了保护劳动者合法权益的法律机制，任何侵犯劳动者权利的人都要负相应的法律责任，并且劳动者也可以通过向有关部门反映、提起仲裁和诉讼等程序来捍卫自己的合法权利。12 日，中华全国总工会召开电话会议，要求各级工会组织认真学习、贯彻《劳动法》。13 日，全总和劳动部在京联合举行《劳动法》颁布实施座谈会。

12 月，中华全国总工会第十二届二次执委会议召开。会议期间，中共中央政治局常委、书记处书记胡锦涛代表党中央作了题为《全面加强工会建设，在深化改革、扩大开放、促进发展、保持稳定中发挥更大作用》的讲话。他要求工会善于在改革开放的新形势下认识自己、加强自己、提高自己，全面加强工会的思想建设、组织建设、作风建设，努力把中国工会建设成为中国共产党领导的、用建设有中国特色社会主义理论武装的、能够带领职工群众为实现党的任务英勇奋斗的、思想上政治上组织上坚强的、深受广大职工信赖的工人阶级群众组织。尉健行作了题为《以贯彻实施〈劳动法〉为契机，推动工会改革和建设，在改革发展稳定中更好地发挥作用》的讲话，提出新时期工会工作的总体思路，即“以贯彻实施《劳动法》

为契机和突破口，带动工会各项工作，推动自身改革和建设，努力把工会工作提高到一个新水平，在改革、发展、稳定中更好地发挥作用”。会议还通过了《全国总工会关于贯彻实施〈劳动法〉的决定》。

1995年

2月，中华全国总工会下发《全国总工会关于在建立集体协商和集体合同制度中做好工会工作的意见》。意见提出，集体协商和集体合同制度适用于各类企业，要有重点、有步骤地推行。同时，意见对建立集体协商和集体合同制度的原则，集体协商和集体合同的主体、内容、程序及上级工会的责任等，作出明确规定。

4月25日至28日，中华全国总工会在天津举行外商投资企业工会工作国际研讨会，来自亚洲、非洲、拉丁美洲和欧洲14个国家的17个工会组织以及中国工会的代表参加了研讨会。为加强对外商投资企业工会工作的领导，全总设立了中华全国总工会外商投资企业工作办公室。

10月，中华全国总工会作出《全国总工会关于职工疗休养事业面向市场深化改革的决定》。该文件提出，争取用五年左右的时间，建立与完善能够与社会主义市场经济体制和新的社会保障制度相适应、基本满足现代企业与职工需要、具有中国特色的职工疗休养事业；到2000年，一批重点疗休养院要创办成具有不同特色或多功能综合服务能力、具备经费自给和一定的自我完善能力、设施条件得以较大改善的独立经营实体。各级工会按照决定的要求和部署，加快改革步伐，使疗休养的经营状况总体上有所改善。

12月14日至18日，中华全国总工会召开十二届三次执委会议。中共中央政治局常委、书记处书记胡锦涛到会讲话，强调在发展社会主义市场经济条件下，在非公有制经济成分增加、劳动关系发生深刻变化的情况下，工会要突出和强化维护职能，同时要认真履行好建设、参与和教育职能。工会在履行维护职能时，一定要坚持维护全国人民总体利益与维护职工群众具体利益的统一，进一步调动广大职工群众的积极性和创造性，把他们更好地团结在党的周围，努力完成党和政府提出的各项任务。尉健行在会上讲话，强调必须牢固树立依靠职工群众办好企业的思想，建设一个全心全意依靠职工群众推进企业改革和发展的好的领导班子，保障职工的企业主人翁地位；必须坚持和完善以职工代表大会为基本形式的职工民主管理和民主监督制度，不断探索新的实现途径，实现职工群众对企业的民主管理和对企业领导干部的有效监督；必须切实保障《劳动法》赋予劳动者的合法权益，通过平等协商和签订集体合同，建立稳定协调的劳动关系；必须在企业的董事会和监事会中有工会组织职工民主选举产生的职工代表，并逐步形成充分发挥职工代表作用的制度；必须尊重和支持工会依法独立自主地开展工作，履行维护的基本职责，保护和调动职工群众的积极性和创造精神，并将其引导到推进企业改革和发展上来；必须重视和加强职工队伍建设，不断提高职工的思想道德和科学文化技术素质。

1996年

6月24日至25日，中华全国总工会、中共中央党校、《求是》杂志社召开“全心全意依靠工人阶级的理论与实践”研讨会。中共中央政治局委员、书记处书记、中华全国总工会主席尉健行，全国人大常委会副委员长倪志福等人出席会议。会议着重研究和探讨了贯彻党的全心全意依靠工人阶级指导方针遇到的新情况和新问题，从理论和实践的结合上回答了理论界和实际工作中面临的若干重大问题和社会热点问题，研究和探讨了新形势下贯彻全心全意依靠工人阶级指导方针的途径和办法。

中华全国总工会协同劳动部等单位向中央反映各地困难职工生活状况及拖欠职工工资、离退休费、医疗费情况，于8月5日向国务院报送《关于建立城市最低生活保障制度的建议》。全总建议：国务院组织有关部门在调查研究的基础上，着手进行建立城市最低生活保障制度的筹划工作；总结试点经验，因地制宜，逐步推开；中央和地方财政在编制年度预算时适当增加社会救济资金；确立灵活多样的救助形式；把实行最低生活保障制度的主要内容作为核心部分写入《社会救济法》；积极发展民间社会救济组织，提倡群众性互助互济，注重发展政府救济以外的辅助救济形式。

8 月，中华全国总工会下发《关于工会促进失业职工再就业和企业富余职工分流安置的意见》，要求各级工会贯彻全心全意依靠工人阶级的指导方针，依靠职工群众深化企业改革，提高经济效益，从根本上解决失业职工再就业和富余职工分流安置问题。根据意见的精神，各级工会积极工作，加强宏观政策参与，促成再就业政策的出台和贯彻落实；建立再就业培训机构，开展对下岗职工的转业转岗培训，增强下岗职工的再就业竞争能力；兴办职业介绍机构，开展再就业中介服务，通过建立就业信息服务网、兴办大型用工洽谈会、组织劳务输出等多种方式，帮助下岗职工获得再就业岗位；大力发展工会企事业，吸纳部分下岗职工再就业；一些大中城市工会兴办的解困贸易市场，解决了一批下岗职工的临时就业问题；通过宣传教育，引导下岗职工转变就业观念，自强不息，增强就业风险意识和竞争意识。

9 月，中华全国总工会在青岛召开 14 个省市工会参加的研讨会，探讨送温暖工程机制建设问题，形成了《关于送温暖工程基金使用管理办法》《关于建立和完善领导干部联系生活困难职工户制度的意见》《建立生活困难职工档案制度的暂行办法》《关于工会兴办职工互助补充保险试行办法》等文件。

1997 年

1997 年初，中华全国总工会印发《关于贯彻落实工会工作总体思路把建设职工之家活动提高到新水平的意见》。该文件对新形势下国有企业、集体企业和公有产权占主体地位的公司制企业工会工作提出要求：积极支持和依法监督企业领导干部，在促进建设一支全心全意依靠职工群众推进企业改革和发展的好的领导班子方面有作为、有贡献；坚持和完善以职工代表大会为基本形式的企业民主管理制度，认真落实职工代表大会的各项职权；建立平等协商和集体合同制度，建立企业劳动争议调解组织，形成协调企业劳动关系问题的有效机制；工会参与企业决策和管理形成制度；依法独立自主地开展工作，突出维护职能，保护和调动职工群众的积极性和创造精神，并将其引导到推动企业改革和发展上来；重视和加强工会组织建设，配齐选好领导班子，健全和完善工会民主制度。

8 月 28 日至 30 日，中华全国总工会在河北邯郸钢铁集团有限责任公司召开全心全意依靠职工办好企业现场经验交流会，邀请部分先进企业、部分省市委和国家部委（总公司）的领导到会介绍经验。会议还表彰了王启民等 10 名全心全意依靠职工办好企业的优秀党政工领导干部和科技工作者。

9 月 12 日至 18 日，中国共产党第十五次全国代表大会举行。江泽民作《高举邓小平理论伟大旗帜，把建设有中国特色社会主义事业全面推向二十一世纪》的报告。报告指出，在当代中国，只有把马克思主义同当代中国实践和时代特征结合起来的邓小平理论，而没有别的理论能够解决社会主义的前途和命运问题；邓小平理论是当代中国的马克思主义，是马克思主义在中国发展的新阶段。报告系统阐述了党在社会主义初级阶段的基本路线和基本纲领，要求建设中国特色社会主义的经济、政治和文化；强调依法治国，建设社会主义法治国家，是党领导人民治理国家的基本方略。报告展望 21 世纪的发展时指出，第一个十年实现国民生产总值比 2000 年翻一番，使人民的小康生活更加宽裕，形成比较完善的社会主义市场经济体制；再经过十年的努力，到建党一百年时，使国民经济更加发展，各项制度更加完善；到世纪中叶新中国成立一百年时，基本实现现代化，建成富强民主文明的社会主义国家。报告强调在国有企业改革中，要建设好企业领导班子，发挥企业党组织的政治核心作用，坚持全心全意依靠工人阶级的方针；党和政府要采取积极措施，依靠社会各方面的力量，关心和安排好下岗职工的生活，搞好职业培训，拓宽就业门路，推进再就业工程；广大职工要转变就业观念，提高自身素质，努力适应改革和发展的新要求。大会确立邓小平理论为党的指导思想并载入党章。党的十五大是在世纪之交的关键时刻，承前启后，继往开来，保证全党沿着邓小平开辟的中国特色社会主义道路继续前进的一次大会。

10 月 23 日至 27 日，全国工会改革和建设座谈会在山东齐鲁石化公司召开。会议着重讨论了《全国总工会关于推进工会改革和建设的意见（试行）》，明确提出工会改革和建设的目标是：全面加强工会的思想建设、组织建设，努力把工会建设成为中国共产党领导的，用邓小平理论武装的，能够带领职工群众为实现党的任务英勇奋斗的，思想上政治上组织上坚强的，深受广大职工信赖的工人阶级群众组织。当前和今后一个时期，工会改革和建设的主要任务是，着力解决好深化经济体制改革和贯彻实施《劳动法》给工会带来的新情况、新问题，努力推进工会工作总体思路的贯彻落实，重点是进一步加强基层工会建设，增强基层工会活力；积极推进工会领导机关的改革和建设，转变运行机制和活动方式，提高机关工作效率和服务水平；大力加强工会领导班子和干部队伍建设，不断提高工会干部队伍素质。

10 月，中华全国总工会和中央纪委、中央组织部、国家经贸委等在京联合召开“实行厂务公开，加强企业民主监督民主管理”研讨会，总结工作，交流经验，并对今后扩大试点、推进这项工作进行了部署。11 月，全总与国家监察部、经贸委联合下发《关于国有企业实行业务招待费使用等重要事项向职代会报告制度的规定》。

1998 年

5 月，中共中央、国务院召开国有企业下岗职工基本生活保障和再就业工作会议。同月，中华全国总工会成立促进再就业工作领导小组，各省、市、区工会也相继成立领导小组，从上到下形成了有领导、有制度、有目标、有措施、有检查的工作格局。在宏观参与方面，工会坚持以调查研究为基础，加大宏观参与和群众监督的力度，推动了再就业政策的制定和落实。省、市工会建立了季度报表制度，随时掌握、检查促进再就业工作的进展、落实情况，并敢于讲真话、报实情，纠正侵犯下岗职工合法权益的行为。许多基层工会在企业制订下岗分流方案时，注意发挥职代会的作用，使这项工作民主决策、公开公正。在措施实施方面，各级工会从实际出发，采取多种形式，拓宽渠道，直接为下岗职工再就业提供有效服务。

9月，中华全国总工会下发《关于建立职工补充保障体系的意见》，提出1998年至2002年职工补充保障体系的发展目标：用5年左右的时间，初步建立起对国家社会保障体系具有补充功能的、群众互助互济性质的、具有中国工会特色的职工补充保障体系雏形。

10月19日至24日，中国工会第十三次全国代表大会举行。1652名正式代表、207名特邀代表和24名列席代表出席大会。中共中央政治局常委、国家副主席胡锦涛代表党中央致题为《工人阶级要为实现我国跨世纪发展的宏伟目标不懈奋斗》的祝词。他期望工人阶级要大力发扬艰苦创业和开拓创新精神，始终站在推动社会生产力发展的前列，一定要以强烈的主人翁责任感，坚定不移地支持党和国家采取的一系列重大改革措施。尤其要深刻认识搞好国有企业改革对于建立社会主义市场经济体制和巩固社会主义制度的极为重要的意义，按照中央关于搞好国有企业的重大部署，锲而不舍，迎难而上，积极参与企业的改革、改组、改造和加强管理，为建立现代企业制度、搞好整个国有经济贡献更大的力量。中华全国总工会副主席、书记处第一书记张丁华作题为《高举邓小平理论伟大旗帜，团结动员各族职工为实现我国跨世纪宏伟目标而奋斗》的工作报告。报告深刻论述了坚持运用邓小平理论指导工人运动和工会工作的重大历史意义和现实意义，强调必须全面正确地领会和掌握邓小平理论的科学体系与精神实质，把这一理论作为统揽全局、贯穿各项工作的灵魂，创造性地运用邓小平理论分析解决实际工作中面临的问题，把工会工作推向前进。报告提出了今后五年工会工作的指导方针，即在中国共产党的领导下，高举邓小平理论伟大旗帜，全面贯彻党的十五大精神，坚持基本路线和基本纲领，坚定不移地推动全心全意依靠工人阶级方针的落实，突出工会的维护职能，充分发挥民主参与、民主监督和社会调节作用，不断加强工会的群众化、民主化、法制化建设，更好地为职工群众服务，团结、教育和动员广大职工为深化改革、促进发展、维护稳定，把建设有中国特色社会主义事业全面推向二十一世纪而努力奋斗。尉健行当选为中华全国总工会主席，张俊九、卢展工、李奇生、刘珩、张国祥、方嘉德、倪豪梅、尤仁、王东进、徐锡澄为副主席；张俊九为书记处第一书记，卢展工、李奇生、张国祥、方嘉德、倪豪梅、徐锡澄、纪明波、周玉清、苏立清、董力为书记处书记；李永安为经费审查委员会主任。

1999 年

1 月，由中央纪委、国家经贸委、中华全国总工会三家联合成立全国厂务公开协调小组，下设办公室，统一协调指导全国厂务公开工作，并于 4 月 18 日至 20 日在天津召开全国厂务公开经验交流会。中共中央政治局常委、中央纪委书记、中华全国总工会主席尉健行出席会议并发表重要讲话。他要求，推行厂务公开，一要着眼于促进国有企业的改革、发展和稳定，二要坚持从实际出发突出重点，三要坚持以职工代表大会为基本载体，四要与现代企业制度相结合。各地要切实加强领导，逐步建立起党委统一领导、党政共同负责、有关方面齐抓共管、职工群众全员参与的工作体制和机制。这次会议规模大、层次高，内容丰富，对厂务公开工作具有巨大推动作用，产生了广泛影响。会后，各地抓住机遇，乘势而上，掀起了世纪之交厂务公开工作蓬勃发展的态势。

2 月，中华全国总工会印发《全国总工会关于加强新经济组织工会工作的意见》。意见提出要继续加大新经济组织工会工作的力度，推进工会工作法制化建设，切实维护职工合法权益，加快建立协商谈判和集体合同制度，深入开展“双爱双评”活动，积极推进新经济组织工会领导体制的建立。

9月，中国共产党十五届四中全会通过《中共中央关于国有企业改革和发展若干重大问题的决定》。决定提出，到2010年，国有企业改革和发展的目标是：适应经济体制与经济增长方式两个根本转变和扩大对外开放的要求，基本完成战略性调整和改组，形成比较合理的国有经济布局和结构，建立比较完善的现代企业制度，经济效益明显提高，科研开发能力、市场竞争能力和抗御风险能力明显增强，使国有经济在国民经济中更好地发挥主导作用。决定要求，各级党委和政府要坚定地站在国有企业改革的前列，团结和带领广大干部群众迎难而上，开拓前进。

10月，中华全国总工会召开第十三届三次主席团会议，明确提出要实现工会工作的“五突破一加强”：积极协助党政做好国有企业减员增效，下岗职工基本生活保障和再就业工作，深入实施送温暖工程，对帮扶特困职工承担“第一责任人”职责的工作要有新的突破；坚决维护职工的经济利益，进一步理顺关系，推行平等协商和集体合同制度的工作要有新的突破；切实保障职工的民主权利，坚持和完善以职工代表大会为基本形式的企业民主管理制度，实行厂务公开和民主评议企业领导人的工作要有新的突破；推动国有独资和国有控股公司的董事会、监事会中都要有职工代表参加的工作要有新的突破；加强新经济组织和改制企业工会组建步伐，最大限度地把职工组织到工会中来的工作要有新的突破；以改革的精神加强工会自身建设。

2000年

2月，江泽民在广东考察工作期间强调，要把中国的事情办好，关键取决于我们的党，取决于党的思想、作风、组织、纪律状况和战斗力、领导水平。只要我们党始终成为中国先进社会生产力的发展要求、中国先进文化的前进方向、中国最广大人民的根本利益的忠实代表，我们党就能永远立于不败之地，永远得到全国各族人民的衷心拥护并带领人民不断前进。

9月，中华全国总工会制定下发《中华全国总工会关于加强工会会员会籍管理有关问题的暂行规定》。该文件指出，凡是符合《中国工会章程》规定的以工资为主要生活来源，与用人单位建立劳动（工作）关系，包括事实劳动关系的职工，均可以申请加入工会，取得中华全国总工会会员会籍；只要职工本人提出口头或书面申请，填写《中华全国总工会入会申请书》和《工会会员登记表》，经基层工会审核批准，即可成为工会会员；工会会员会籍管理坚持职工劳动（工作）关系在哪里，会员组织关系就在哪里，会员组织关系随劳动（工作）关系流动的原则。

10月，中华全国总工会下发《中华全国总工会关于实施群众性经济技术创新工程的意见》。意见强调，实施经济技术创新工程，要适应发展社会主义市场经济的要求，坚持把增强企业科技开发能力、市场竞争能力、抗御风险能力作为主攻方向，把解决企业发展的难点、实现扭亏增盈等问题作为重点，紧紧围绕创新技术、加强管理、增进效益、搞好服务等，鼓励广大职工立足本职、学赶先进、争创一流、多作贡献，为推进企业改革与发展建功立业。这项活动受到地方党政和企业的重视，成立领导小组，制订实施方案或意见，当年参加活动的企业单位就达 233394 家。

11 月 11 日至 12 日，全国新建企业工会组建工作会议在浙江宁波召开。中共中央政治局常委、中央纪委书记、中华全国总工会主席尉健行出席会议并发表重要讲话。中华全国总工会副主席、书记处第一书记张俊九，中央组织部副部长虞云耀，国家经贸委纪检组组长陈光复分别就加强新建企业工会组建工作等问题发来讲话。各省、自治区、直辖市分管工会工作的党委副书记、工会主席以及各全国产业工会、全总各部门主要负责人 200 多人出席会议。会议的主要任务是：总结交流前一段新建企业工会组建工作的进展情况和经验，研究分析当前面临的严峻形势，确定今后一个时期推进新建企业工会组建工作的目标和任务。

2001 年

2 月，中华全国总工会印发《中华全国总工会关于加强新建企业工会组建工作的意见》。意见要求，各级工会充分认识新建企业工会工作面临的形势和任务，增强做好新建企业工会工作的使命感、责任感和紧迫感。意见明确了到2002年底的建会工作目标，要求建立维护职工合法权益，促进企业健康发展的工作运行机制和活动方式，包括以维护职工合法权益、共谋企业健康发展为新建企业工会工作指导思想，建立以协商谈判制度和集体合同制度为主要形式的劳动关系协调机制；建立健全劳动安全卫生群众监督检查制度；健全职工伤亡事故报告、调查处理制度；建立健全工会代表职工参与企业管理的制度；深入开展“双爱双评”活动；建立适应新建企业工会工作发展要求的组织领导体制和工作网络；争取党委的领导和政府的支持，创造新建企业工会工作的良好外部环境等。

8月30日至31日，全国工会援藏工作座谈会在西藏自治区拉萨市召开。

10月，第九届全国人民代表大会常务委员会第二十四次会议修改《中华人民共和国工会法》。该法确认中华全国总工会及各级工会组织代表职工的利益，依法维护职工的合法权益；明确了工会民主参与的权利和渠道，规定了建立劳动关系三方协商机制；强化了工会组织建设的法律保障，确保职工组织和参加工会的权利；加大了对工会干部依法保护的力度，加强了对工会经费和财产的法律保护。修改后的《工会法》，对工会在新的历史条件下加强组织建设、建立稳定协调的劳动关系、维护职工合法权益、突出和强化工会的维护职能、充分发挥工人阶级在改革发展稳定中的主力军作用等方面遇到的诸多亟待解决的问题，从法律上作出规定，并进一步明确了工会在国家政治、经济和社会生活中的地位，明确了工会的权利与义务，对工会组织履行好基本职责、在社会主义现代化建设中更好地发挥作用有着重要意义。

11 月 20 日至 21 日，中华全国总工会与劳动和社会保障部、国家经贸委等单位联合在江苏省南京市召开“全国贯彻实施《劳动法》《工会法》，推进集体合同、劳动合同工作经验交流会”。中共中央政治局常委、书记处书记、中华全国总工会主席尉健行作重要讲话，就推行平等协商集体合同制度提出工作要求：坚持所有企业都要推行平等协商和集体合同制度；坚持平等协商与签订集体合同相协调、重在平等协商；坚持把职工关心的热点、难点问题作为平等协商、集体合同的重点，并在协商中努力加以解决；坚持把工资集体协商作为推行集体合同制度的重要内容，由工会或职工代表与企业进行平等协商，在协商一致的基础上签订工资协议；坚持把推行集体合同和劳动合同制度有机衔接起来，督促企业认真执行劳动合同制度；坚持把推行集体合同和劳动合同制度与建立现代企业制度结合起来，把推行集体合同和劳动合同制度过程中积累的经验和取得的成果，充实和纳入到现代企业制度中。推行集体合同和劳动合同制度必须有健全的企业民主管理制度、严格的监督检查机制和强有力的劳动争议调解仲裁机制作保证。考察集体合同和劳动合同工作效果如何，最终要看职工群众是否满意，是否有利于企业的改革、发展和稳定。会上，一些省市介绍了推行集体合同和劳动合同制度的经验。这次会议，进一步指明了推进集体合同和劳动合同制度的工作方向。

2002年

新年伊始，江泽民题写“送温暖工程”。1月18日，中华全国总工会召开实施送温暖工程10周年座谈会。尉健行在会上发表讲话，总结回顾了工会组织实施送温暖工程发展历程，对下一步工作作出具体部署，明确要求各级工会组织按照中央的部署，扎扎实实搞好送温暖工程。

3月1日，中华全国总工会印发《关于以贯彻实施修改后的〈工会法〉为契机，确保实现2002年工会组建目标的通知》。通知要求统一思想，抓住机遇，抓紧建会和巩固发展建会成果，加强组织领导，搞好督促检查。围绕贯彻通知精神，全总加强了对新建企业工会组建及发挥作用情况的调研。调研组赴河北、湖北、湖南、贵州、黑龙江、吉林、辽宁、广东、浙江、江苏等地，就新建企业组建工会及发展会员情况、已建工会作用发挥情况进行调研。调查显示，各地采取有效措施，集中力量推进新建企业工会组建工作，新建企业工会组建和发展会员工作取得显著成效。

6月，中华全国总工会在安徽合肥召开全国推进新建企业工会组建及发挥作用工作座谈会。会议强调，如期完成全国工会会员的发展目标，是全总向党中央的庄严承诺，是向全国职工的庄严承诺。几年来，由于全总的指导、力推及各级工会的勤奋工作，新经济组织工会工作获得较快发展，其基本经验有：一是各级党委高度重视新建企业工会组建工作，把工会组建工作摆上重要议事日程；二是积极与政府有关部门密切配合，共同推进新建企业工会组建工作；三是努力把新建企业工会纳入法制化、规范化轨道；四是实现目标责任管理，层层落实工会组建工作责任制；五是认真总结和推广典型经验，加强分类指导。

11月8日至14日，中国共产党第十六次全国代表大会举行。党的十六大是在我国进入全面建设小康社会、加快推进社会主义现代化的新的发展阶段召开的一次十分重要的代表大会。大会的主题是：高举邓小平理论伟大旗帜，全面贯彻“三个代表”重要思想，继往开来，与时俱进，全面建设小康社会，加快推进社会主义现代化，为开创中国特色社会主义事业新局面而奋斗。江泽民作题为《全面建设小康社会，开创中国特色社会主义事业新局面》的报告，大会确立了“三个代表”重要思想在全党的指导地位。“三个代表”重要思想，是对马克思列宁主义、毛泽东思想和邓小平理论的继承和发展，反映了当代世界和中国的发展变化对党和国家工作的新要求，是加强和改进党的建设、推进我国社会主义自我完善和发展的强大理论武器，是全党集体智慧的结晶，是党必须长期坚持的指导思想。始终做到“三个代表”，是我们党的立党之本、执政之基、力量之源。在党的十六届一中全会上，胡锦涛当选为中央委员会总书记。

12 月，中华全国总工会第十三届第五次执委会议召开。会议履行了有关人事事项的民主程序，王兆国当选为中华全国总工会主席。

2003 年

4 月，中央纪委、中央组织部、监察部、国资委、中华全国总工会在北京联合召开全国厂务公开工作电视电话会议。会议交流了天津市、湖北省荆门市、中石化江苏油田和兰州铝业股份有限公司等单位的经验，作出《关于表彰全国厂务公开工作先进单位的决定》，以全国厂务公开协调小组的名义，授予北京市西城区等 117 个单位“全国推行厂务公开工作先进单位”称号，授予首钢总公司等 335 个企业事业单位“全国厂务公开工作先进单位”称号。

9 月 22 日至 26 日，中国工会第十四次全国代表大会在北京召开。来自全国各地、各条战线的 1698 名正式代表和 253 名特邀代表出席大会。中共中央政治局常委、国家副主席曾庆红向大会致题为《我国工人阶级要在全面建设小康社会的伟大事业中发挥主力军作用》的祝词。祝词指出，中国工人阶级始终是推动中国先进生产力发展的基本力量，是党最坚实、最可靠的阶级基础，是国家当之无愧的领导阶级；工人阶级要在全面建设小康社会中充分发挥主力军的作用，就必须进一步增强主动性，发挥创造性，发展先进性；中国工会在新世纪新阶段，必须准确把握自己的定位，做到围绕中心、服务大局，全面履行各项社会职能，突出维护职工合法权益的职能；工会组织必须适应时代发展和社会生活的变化，以改革的精神不断加强自身建设，进一步开创工作新局面。中共中央政治局委员、全国人大常委会副委员长、中华全国总工会主席王兆国作题为《以“三个代表”重要思想为指导，团结动员广大职工在全面建设小康社会中充分发挥工人阶级主力军作用》的报告。报告提出今后五年工会工作的目标任务：努力提高职工队伍素质，团结动员广大职工为全面建设小康社会建功立业；切实履行基本职责，在改革、发展、参与、帮扶的过程中维护好职工合法权益；大力弘扬劳模精神，促进全社会形成“尊重劳动、尊重知识、尊重人才、尊重创造”的良好氛围；加快工会组建步伐，充分发挥基层工会组织的作用；以改革精神加强工会自身建设，进一步提高整体工作水平。王兆国当选为中华全国总工会主席，张俊九、孙宝树、周玉清、王东进、苏立清、张榕明、王瑞祥、徐振寰、陈秀榕、徐德明、黄彦蓉为副主席；张俊九为书记处第一书记，孙宝树、周玉清、苏立清、徐振寰、徐德明、黄彦蓉、张鸣起、张秋俭、陈荣书为书记处书记；董力为经费审查委员会主任。中国工会十四大对于团结动员全国工人阶级在全面建设小康社会、加快推进社会主义现代化的历史进程中充分发挥主力军作用，开创新世纪新阶段工会工作的新局面，具有重大而深远的意义。

12 月 22 日，中华全国总工会与中央文明办、国家发改委、教育部、科技部、人事部、劳动和社会保障部、国资委、全国工商联等九个部委和人民团体联合开展的全国“创建学习型组织，争做知识型职工”活动启动仪式在北京举行。上海宝钢集团公司等八个企业联合向全国职工发出积极投身“创争”活动、立志成为知识型职工的倡议书。“创争”活动的宗旨是倡导终身学习理念；营造尊重劳动、尊重知识、尊重人才、尊重创造的社会环境；形成全员学习、全程学习、团队学习和工作学习化、学习工作化的氛围和机制；推动建设各类学习型组织，为职工创造更多的学习机会和成才机会；促进人才队伍建设，为各类人才不断涌现和充分发挥作用奠定坚实基础，努力造就一支有理想、有道德、有文化、有纪律的职工队伍。为推动全国“创争”活动深入持久地开展，全国“创争”活动领导小组决定每年对“创争”活动中涌现出来的先进集体和先进个人进行一次表彰，中华全国总工会对成绩特别突出的 10 个学习型组织先进单位、10 名知识型职工标兵颁发全国五一劳动奖状和奖章。

2004 年

2004 年初，中华全国总工会与国家安全生产监督管理局联合下发《关于开展全国职工安全生产普及教育活动的通知》，要求全国各类企事业单位尤其是中小企业和非公有制企业，要根据生产实际组织职工学习安全生产知识。为此，全国“安康杯”竞赛组委会组织编写了《全国职工安全生产知识普及教材》，制作了考试光盘，并在大连、宜昌等市举办了职工安全生产知识普及教育活动的师资培训班，为培训教育活动提供师资保障，使“安康杯”竞赛顺利开展，不断取得新成绩。

3月18日，中国职工文化体育协会成立。该协会是经民政部批准、中华全国总工会领导下的群众性全国职工文化体育组织。成立大会在天津举行，各省、自治区、直辖市、省会城市、副省级城市总工会或职工文化体育协会、各全国产业工会、行业体协、文联代表140余人出席。会议通过了《中国职工文化体育协会章程》，按章程规定选举出第一届理事会。协会的成立加强了对职工文化体育活动的协调组织，对于联系各级工会和职工文化体育社团、职工文化体育工作者及社会各界共同开展健康有益的文化体育活动，满足职工精神文化需求，提高职工素质发挥了积极作用。

5月，中华全国总工会在全国选择代表东部、中部和西部三个经济区域的10个省份的20个市和10个大型企业，对技术工人的技能状况进行调查，涉及国有和国有控股、集体、外商及港澳台资、私营和其他各种经济成分的企业，共发放企业问卷410份，个人问卷一万多份，召开有技术工人、企业经营管理人员、政府有关部门负责人参加的不同层次的座谈会502场。通过调研，基本摸清了职工职业技能状况，提出了鼓励职工学习技术和提高职工技能水平的政策建议。

7月8日，中华全国总工会印发《中华全国总工会关于组建工会和发展会员工作考核奖励办法（试行）》。该办法（试行）对省（区、市）总工会组建工会和发展会员工作制定了具体的考核内容与评分标准，规定了考核奖励范围与方式、奖金的支付与列支、考核程序，提出了考核工作要求。该办法（试行）要求各省要充分发挥考核奖励机制的激励作用，推动工会组建工作取得更大的成效，在考核工作中要坚持实事求是和公开、公平、公正的原则，防止弄虚作假等问题的发生，对虚报数字的单位，在全国进行通报批评，并取消其当年参加考核的资格。

10 月，中华全国总工会、中央文明办等九部门在山东省青岛市举办全国“创建学习型组织、争做知识型职工”活动现场推进会。会上，全总授予首钢总公司第三炼钢厂连铸二车间丙班 3 号铸机组等 200 个集体全国职工创新示范岗荣誉称号，授予何文辉等 300 名个人全国职工创新能手荣誉称号。全国争创活动领导小组授予上海宝钢集团公司等 23 家单位全国“创建学习型组织、争做知识型职工”活动示范单位荣誉称号，授予青岛前湾集装箱码头有限公司桥吊队等三个班组全国“创建学习型组织、争做知识型职工”活动示范班组荣誉称号。

12 月，中华全国总工会十四届二次执委会议提出“组织起来、切实维权”的工作方针。这一工作方针揭示了社会主义市场经济条件下工会工作的特点和规律，为新形势下“建设什么样的工会、怎样建设工会”明确了重点，为找准和把握工会在建立和谐稳定劳动关系中的定位提出了要求。

2005 年

7 月 4 日，中华全国总工会十四届六次主席团会议通过了《关于坚持走中国特色社会主义工会发展道路的决议》。该决议将中国特色社会主义工会发展道路的基本内涵概括为指导思想、政治保证、根本任务、职能作用、组织体制、对外交往、内在动力等七个方面的基本内容：坚持以邓小平理论和“三个代表”重要思想为指导，坚持自觉接受中国共产党对工会的领导，坚持服从服务于党和国家工作大局，坚持切实表达和维护职工群众的合法权益，坚持工人阶级队伍和工会组织的团结统一，坚持独立自主地开展工会对外交往，坚持推进工会的理论创新、体制创新和工作创新。

7 月，根据《国务院关于做好建设节约型社会近期重点工作的通知》的要求，中华全国总工会发出《关于动员全国职工为建设节约型社会做贡献的通知》，在全国范围内开展“我为节约做贡献”活动，要求紧紧围绕大力发展循环经济、加快建设节约型社会这个主题，引导职工从点滴做起，从自身做起，从家庭做起，从岗位做起，自觉养成节约资源的好习惯。

9 月，全国工会维权机制建设经验交流会召开。在会上，王兆国明确提出，工会必须深入研究目前劳动关系的基本特征和发展趋势，及时提出应对的思路和具体的措施。其中的关键，是要适应劳动关系市场化、多样化、复杂化的特点，加大协调劳动关系的力度，不断强化职能，探索和完善在工会组织领导下的维权机制，依照法律法规更好地协调利益关系、及时化解矛盾，为职工排忧解难。要通过制度和机制建设，把协调劳动关系的成功实践和成熟经验巩固下来、规范起来、推广开来，推动建立规范有序、公正合理、互利共赢、和谐稳定的社会主义新型劳动关系。

11 月 30 日，《中华全国总工会关于推进地方工人文化宫俱乐部改革与发展的意见》下发。意见强调了新形势下加强职工文化建设的重要意义，提出了工人文化宫俱乐部改革发展的指导思想、总体要求、基本思路和发展目标，对各级工会加强领导、确保方向、稳步实施等均提出了要求。意见的发布和实施，促进了工会文化设施建设和文化活动的开展。

12 月，中华全国总工会十四届三次执委会议作出《中华全国总工会关于加强协调劳动关系、切实维护职工合法权益、推动构建社会主义和谐社会的决定》。决定提出，各级工会要坚定不移地走中国特色社会主义工会发展道路，贯彻“组织起来、切实维权”的工作方针，团结动员广大职工，为推动构建社会主义和谐社会作出新的更大的贡献。

2006 年

2 月，中华全国总工会发出《中华全国总工会关于在职工中广泛开展“当好主力军，建功‘十一五’，和谐奔小康”竞赛活动的通知》，成立了由孙春兰为组长，周玉清、黄彦蓉为副组长，各全国产业工会和全总有关部门负责人参加的竞赛活动领导小组。

3 月 31 日，国家协调劳动关系三方下发《关于印发全面推进劳动合同制度实施三年行动计划的通知》，明确了全面推进劳动合同制度实施三年行动计划的指导思想、目标任务、行动措施、组织工作，提出从 2006 年至 2008 年，用三年时间实现各类企业与劳动者普遍依法签订劳动合同。7 月 25 日，三方又联合召开全面推进劳动合同制度实施三年行动计划视频会议，对落实推进劳动合同制度实施三年行动计划进一步作出全面动员和部署。在全总的力推和指导下，各级工会按照要求，以提高认识为先导，以突破难点为关键，以三方机制为依托，以全员覆盖为目标，以推动立法为保障，明确任务，落实责任，全力支持和配合政府行政部门推进劳动合同制度的实施，落实三年行动计划要求取得显著成果。

5 月 23 日，中华全国总工会联合教育部、劳动和社会保障部、文化部和国家广电总局，在北京举行“向农民工送文化行动”启动仪式。在启动仪式上，全总和有关部委领导为 31 所农民工业余学校赠送培训教材，向全国 31 个省、自治区、直辖市总工会赠送电影放映机和农民工业余学校的相关教学设备。

8 月 30 日，由中央宣传部、全国总工会、科技部、交通部、中共上海市委在北京人民大会堂举办包起帆同志科技创新先进事迹报告会。

8月，中华全国总工会下发《2006—2010年全国工会干部教育培训规划》，提出按照全面提高工会干部思想政治素质、科学文化素质、业务素质和工作能力的总体目标，用五年时间，将全国专兼职工会干部全部轮训一遍，重点抓好新任工会主席、工会专业人才和非公有制企业工会干部的培训。

12月，中华全国总工会十四届十一次主席团（扩大）会议强调牢固树立中国特色社会主义工会维权观，中国特色社会主义工会维权观的核心是“以职工为本，主动依法科学维权”。

2007年

6月，中华全国总工会与国家体育总局在上海联合主办全民健身与奥运同行——2007年全国职工乒乓球大赛。比赛历时五天，共有40支代表队、近400名职工乒乓球选手参赛，是迄今规模最大的全国职工单项体育赛事。9月，中华全国总工会、国家体育总局和北京奥组委在全国31个省会城市、自治区首府、直辖市同时举行全国亿万职工迎奥运健步走活动启动仪式。这些活动贯彻落实了党中央“开放办奥运、全民办奥运”的方针，唱响“全民健身与奥运同行”主旋律，展示中国职工参与奥运、奉献奥运的热情和近几年来基层职工体育发展的成果。

6月29日，第十届全国人民代表大会常务委员会第二十八次会议通过《中华人民共和国劳动合同法》，自2008年1月1日起实施。

8月，为贯彻落实《国务院关于印发“十一五”节能减排综合性工作方案的通知》精神，深化节能减排全民行动，充分调动全社会参与节能减排的积极性，全国总工会和国家发改委等部委联合下发《关于印发节能减排全民行动实施方案的通知》，要求各级工会结合本地区、本部门实际，认真落实。同时，全总有关部门在《工人日报》《中国职工科技报》开设专栏，宣传节能减排的重要意义。各级工会纷纷响应，结合各自实际开展了各具特色的活动，组织和引导职工从岗位做起，从自身做起，从点滴做起，积极投身节能减排活动。

10月15日至21日，中国共产党第十七次全国代表大会召开。胡锦涛作题为《高举中国特色社会主义伟大旗帜，为夺取全面建设小康社会新胜利而奋斗》的报告。报告明确指出，中国特色社会主义伟大旗帜，是当代中国发展进步的旗帜，是全党全国各族人民团结奋斗的旗帜。解放思想是发展中国特色社会主义的一大法宝，改革开放是发展中国特色社会主义的强大动力，科学发展、社会和谐是发展中国特色社会主义的基本要求，全面建设小康社会是党和国家到2020年的奋斗目标，是全国各族人民的根本利益所在。报告在谈到经济建设时指出，实现未来经济发展目标，关键要在加快转变经济发展方式、完善社会主义市场经济体制方面取得重大进展。要大力推进经济结构战略性调整，更加注重提高自主创新能力、提高节能环保水平、提高经济整体素质和国际竞争力。要深化对社会主义市场经济规律的认识，从制度上更好发挥市场在资源配置中的基础性作用，形成有利于科学发展的宏观调控体系。大会确立科学发展观为党的指导思想并载入党章。党的十七大提出工人阶级和全国各族人民夺取全面建设小康社会新胜利、开创中国特色社会主义新局面的行动纲领，为站在新的历史起点上的中国工人运动和工会工作指明了方向。

2007 年底，为贯彻落实党的十七大精神，切实帮助广大职工特别是农民工提高自身素质，丰富职工的精神文化生活，保障职工群众的精神文化权益，中华全国总工会书记处决定自 2008 年起，用三年时间在全国重点扶持建设 3000 个“职工书屋”示范点，并发动各级工会以点带面，用五年时间全面推动“职工书屋”建设。随后，全总召开了有北京、天津、上海、山西、江苏、福建、湖南、广东八个省市总工会的宣教部部长和中国工人出版社主要负责人参加的专题研讨会，围绕“职工书屋”建设基本思路、工作方案和具体操作方法等进行深入的研讨。

2008 年

1 月 7 日，“‘2008’经济全球化与工会”国际论坛在北京召开，主题为“可持续发展、体面劳动和工会的作用”。胡锦涛主席出席开幕式并致辞，提出让各国广大劳动者实现体面劳动，是以人为本的要求，是时代精神的体现，也是尊重和保障人权的重要内容。维护劳动者权益是工会的神圣职责。工会要积极为广大劳动者说话办事，特别是要致力于改善广大劳动者的劳动条件、劳动收入、劳动保障、生活质量，让广大劳动者特别是发展中国家广大劳动者更多分享经济社会发展成果。

1 月 18 日，中华全国总工会印发《关于开展全国工会“职工书屋”建设的实施意见》，对“职工书屋”建设进行了具体部署。2008 年度，1000 家全国工会“职工书屋”示范点的图书全部配送到位，带动各地工会自建“职工书屋”9800 余家，藏书总量累计 1330.58 万册。

3 月，中华全国总工会开展“全国职工节能减排活动月”活动，举行了全国职工节能环保知识竞赛，发布了 100 项全国职工节能减排技术创新成果，表彰了 1000 项采纳实施的节能减排优秀合理化建议。

5 月 12 日，四川省汶川特大地震给职工的就业和生活造成较大影响。6 月 29 日，中华全国总工会在四川省绵阳市启动全国工会就业帮扶爱心行动，协调经济发达省市对受灾地区开展劳务对口协作，以帮助地震灾区因灾失去工作岗位的职工和农民工尽快就业、再就业。浙江、江苏、福建、广东、天津的总工会赴四川现场参加了活动，提供空岗信息 85731 条。在全总转拨给四川、甘肃、陕西三个省总工会 25 亿元救灾捐款的基础上，8 月又向前述三个省总工会分配中央财政专项帮扶资金 1.08 亿元，用于对受灾困难职工提供生活救助、医疗救助和资助其子女上学等方面。工会的帮扶行动在协助党政尽快做好受灾地区职工群众就业安置工作上发挥了积极作用。

10 月 17 日至 21 日，中国工会第十五次全国代表大会在北京举行。出席大会的正式代表 1800 人，特邀代表 289 人，港澳来宾 29 人。习近平致题为《在夺取全面建设小康社会新胜利中充分发挥工人阶级主力军作用》的祝词。祝词指出，中国工会在长期探索实践中形成的中国特色社会主义工会发展道路，是中国特色社会主义道路的重要组成部分。在新的历史起点上，全国各级工会要坚持中国特色社会主义理论体系，坚定不移地走中国特色社会主义道路，始终做到与时代发展同步伐、与改革开放共命运、与党和职工群众心连心，使中国特色社会主义工会发展道路越走越宽广。王兆国作题为《高举中国特色社会主义伟大旗帜，团结动员亿万职工为夺取全面建设小康社会新胜利而奋斗》的报告。报告总结了工会十四大以来的成绩和经验，提出了今后五年工会工作的目标任务：推动科学发展，以创建“工人先锋号”为载体，广泛开展职工建功立业活动，大力实施职工素质建设工程，更加充分地发挥工人阶级主力军作用；促进社会和谐，以创建劳动关系和谐企业为手段，大力发展和谐劳动关系，维护职工队伍和社会稳定；推动共建共享，以劳动就业、收入分配、社会保障和劳动安全卫生为重点，健全完善维权机制，不断增强维权实效；加强民主管理和基层民主建设，以职代会为基本制度，扩大有序参与，维护职工民主政治权利；激发组织活力，以加强基层工会建设为着力点，提高领导机关服务基层、服务职工的水平，增强工会组织吸引力、凝聚力。王兆国当选为中华全国总工会主席，孙春兰、乔传秀、徐振寰、马培华、孙宝树、陈秀榕、黄丹华、张鸣起、倪健民、王炯、陈荣书、尔肯江·吐拉洪为副主席；孙春兰为书记处第一书记，乔传秀、徐振寰、张鸣起、倪健民、王炯、陈荣书、王瑞生、李世明、喻红秋为书记处书记；张世平为经费审查委员会主任。

10 月 21 日，中共中央总书记、国家主席、中央军委主席胡锦涛同中华全国总工会新一届领导班子成员和中国工会十五大部分代表座谈时发表重要讲话，强调中国工人阶级是我国先进生产力和生产关系的代表，是我们党最坚实最可靠的阶级基础，是社会主义中国当之无愧的领导阶级，是全面建设小康社会、发展中国特色社会主义的主力军。在全面建设小康社会、加快推进社会主义现代化的伟大实践中，我国工人阶级肩负着光荣历史使命，要发扬光荣传统，抓住发展机遇，奋勇再立新功。他同时要求，工会要坚持走中国特色社会主义工会发展道路，把坚决按照工会章程和有关法律法规独立自主开展工作同自觉接受党的领导紧密结合起来，把维护职工群众具体利益同维护全国人民总体利益结合起来，把服务职工、维护职工合法权益同组织职工、教育引导职工紧密结合起来，不断提高为职工群众服务的能力和水平。

2009年

2月17日，中华全国总工会召开全国工会“千万农民工援助行动”电视电话会议，向全国各级工会提出在年内实现对500万名农民工进行就业援助，对500万名农民工进行生活救助和维权服务的工作目标。由此启动了全总和地方工会以就业援助为重点的全国工会“千万农民工援助行动”，当年即投入资金10.1亿元，对1393.58万名农民工进行了就业培训、岗位援助、创业指导、维权服务和生活帮扶，确定首批12个全国工会农民工技能培训示范基地和113个全国工会就业培训基地。

4月28日，中华全国总工会召开庆祝“五一”国际劳动节暨保增长促发展劳动竞赛推进大会，习近平代表党中央、国务院发表重要讲话。他充分肯定新中国成立60年来特别是改革开放30年来，祖国大地发生的翻天覆地的变化，是工人阶级和劳动群众辛勤劳动、不懈奋斗、无私奉献的结果。要求工人阶级积极参加到“同舟共济保增长、建功立业促发展”劳动竞赛中来，充分发挥劳动模范的示范带头作用，与企业同舟共济、共克时艰。这次庆祝大会加大了对全国五一劳动奖状、奖章和全国“工人先锋号”的表彰力度，一线职工占82.44%，农民工占7.77%，同时邀请了新中国成立以来各个时期的全国著名劳动模范和先进集体代表来京参加大会和“五一”庆祝活动。

4月，中华全国总工会举办“时代领跑者——新中国成立以来最具影响的劳动模范”评选活动，前后共收到1375万多张选票。9月22日评选结果揭晓，马万水、马六孩、马永顺、马恒昌、孔祥瑞、孔繁森、王顺友、王乐义、王有德、王全禄、王进喜、王启民、王选、王洪军、王崇伦、邓亚萍、邓建军、邓稼先、包起帆、史来贺、田桂英、申纪兰、任长霞、多吉、许振超、达吾提·阿西木、吴仁宝、吴运铎、吴登云、宋鱼水、张云泉、张秉贵、时传祥、李双良、李斌、杨丽、杨怀远、邱娥国、陈刚毅、陈峰、孟泰、柳传志、赵占魁、赵国峰、赵桂兰、赵梦桃、钟南山、徐虎、袁隆平、郭凤莲、常香玉、梁军、尉凤英、彭隆荣、智呼声、蒋筑英、鲁冠球、窦铁成、樊锦诗、潘兰英60名劳模，成为公众心中新中国成立以来最具影响的劳动模范。60名“时代领跑者”涵盖了各个历史时期和各个方面的劳动模范，具有广泛的代表性。其中有37人还入选“100位新中国成立以来感动中国人物”。

7月9日，中华全国总工会发布《关于积极开展行业性工资集体协商工作的指导意见》，提出着眼于机制的建立和完善，根据行业和企业实际，从职工工资分配方面迫切需要解决的突出问题入手，逐步提高。要求各级工会把握协商范围、明确协商主体、选好协商代表、突出协商重点、规范协商程序并及时调处争议。要积极争取党委、政府和协调劳动关系三方的重视和支持，加强行业工会组织建设，加强对行业性工资集体协商工作的总结和指导服务。这个指导意见，进一步规范了工会开展行业性工资集体协商工作，使各级工会推动建立行业性工资集体协商制度有了政策遵循。

2010 年

2 月 23 日，中共中央政治局委员、全国人大常委会副委员长、中华全国总工会主席王兆国在全国总工会第十五届五次主席团（扩大）会议上，首次提出中国工人伟大品格的概念和内涵，强调在新的历史起点上发展中国特色社会主义，实现中华民族伟大复兴，必须大力弘扬中国工人伟大品格，充分激发他们的创造活力，发挥他们的主力军作用。要大力弘扬中国工人信念坚定、立场鲜明，艰苦奋斗、勇于奉献，胸怀大局、纪律严明，开拓创新、自强不息的伟大品格。他指出，新时期中国工人的伟大品格，是我们团结一致夺取应对国际金融危机冲击全面胜利的力量源泉，是我们在社会主义现代化建设征程中奋勇前进的不竭动力，更是中华民族伟大精神的时代体现。要广泛宣传工人阶级的劳动创造和卓越功勋、宣传劳动模范的先进事迹和崇高精神，在全社会形成“工人伟大、劳动光荣”的浓厚氛围，为发展中国特色社会主义伟大事业提供强大的精神动力。

4 月 27 日，全国劳动模范和先进工作者表彰大会在北京人民大会堂隆重举行。大会表彰 2985 名全国劳动模范和先进工作者。胡锦涛总书记发表讲话，强调实现全面建设小康社会进而基本实现现代化的宏伟目标，必须依靠全体人民热爱劳动、勤奋劳动，必须依靠全社会尊重劳动、保护劳动，必须使通过诚实劳动创造美好生活成为亿万人民的共同追求；一定要在全社会大力弘扬劳模精神，用劳模的先进事迹感召人民群众，用劳模的优秀品质引领社会风尚，在全社会进一步形成崇尚劳模、学习劳模、争当劳模、关爱劳模的良好氛围。

7 月 26 日，中华全国总工会十五届四次执委会议通过《关于深入学习劳模精神、大力弘扬中国工人阶级伟大品格的决议》。决议提出要准确把握深入学习劳模精神、大力弘扬中国工人阶级伟大品格的主要内容和要求，用劳模的崇高理想凝聚职工，用劳模的先进事迹感召职工，用劳模的高尚情操陶冶职工，用劳模的进取意识引领职工。

2010 年，中华全国总工会总结工会参与劳动争议调解工作的经验，制定了《工会参与劳动争议处理工作三年规划》，举办全国工会劳动争议调解员、仲裁员资格培训班，进一步充实和加强了工会劳动争议调解员队伍建设。各级工会大力推动企业和区域性劳动争议调解组织建设，推行人民法院委托工会调解劳动争议案件制度，积极参与劳动争议仲裁，依法及时、公正地处理劳动争议。

2011 年

1 月，中华全国总工会作出《中华全国总工会 2011—2013 年推动企业普遍建立工会组织工作规划》《中华全国总工会 2011—2013 年深入推进工资集体协商工作规划》，提出“两个普遍”的具体目标。第一，2011 年至 2013 年，全国企业法人建立工会组织净增约 195 万家，总数达到 446 万家以上，全国企业法人建会率达到 90% 以上。其中，10 人以上非公有制企业建立工会组织总数达到 187 万家，建会率达到 95% 以上。世界 500 强等跨国公司在华企业法人建会率达到 95% 以上。全国企业工会会员净增约 3100 万人，其中，农民工会员净增不低于 1500 万人，全国企业职工入会率达到 90% 以上。全国法人单位建会总数达到 600 万家以上，全国工会会员达到 27100 万人以上，其中，农民工会员达到 10300 万人以上。第二，从 2011 年起用三年时间，到 2013 年底已建工会组织的企业 80% 以上建立工资集体协商制度，基本实现已建工会企业普遍开展工资集体协商，其中，实现世界 500 强在华企业全部建立工资集体协商制度，并且要推动建立健全企业职工工资协商共决机制、正常增长机制和支付保障机制，不断提高工资集体协商水平，努力实现保障职工合法权益与促进企业健康发展的和谐统一。

5 月 3 日，中华全国总工会印发《关于建立健全职工法律援助等维权服务长效机制的意见》，要求建立健全法律援助机制、劳动法律监督机制、劳动争议处理机制、法制宣传教育机制，把维权工作放到经济社会发展全局中去思考和把握，积极探索完善工会依法维权手段、方式、方法和机制，增强工会维权工作的预见性、前瞻性和主动性，不断推进和创新职工法律援助等维权服务工作。

6月30日，中华全国总工会举办的“永远跟党走——庆祝中国共产党成立90周年”图片展开幕式在京举行。习近平出席开幕式并参观展览。

6月，中华全国总工会根据中央《2010—2020年干部教育培训改革纲要》要求，制定了《2011—2015年全国工会干部教育培训规划》，提出要围绕推进学习型工会组织建设，以改革创新为动力，以健全培训体系、提升培训实效为目标，以提高工会干部服务科学发展、服务职工群众的能力为重点，以提高工会干部教育培训质量为主线，努力培养造就一支政治坚定、业务扎实、作风过硬、廉洁自律的高素质工会干部队伍。规划指出，2011—2015年将全国专兼职工会干部全部轮训一遍，并对培训任务和工作要求进行了具体安排；要求各省级工会要根据本规划要求，结合实际制定具体实施意见。

11月15日，中华全国总工会召开全国工会职工思想政治工作视频会议，总结交流各地创新职工思想政治工作的成功经验和做法，表彰了40个第十二届全国职工职业道德建设标兵单位和个人，对新形势下职工思想政治工作进行研究和部署。

2012 年

1 月，中华全国总工会举行全国工会送温暖活动开展 20 周年、困难职工帮扶中心建设 10 周年座谈会。中共中央政治局委员、全国人大常委会副委员长、中华全国总工会主席王兆国出席座谈会并讲话，强调各级工会要把送温暖和帮扶工作作为推动全面建设小康社会、实现人民群众共同富裕的一项伟大事业坚持不懈地抓下去，在促进经济平稳较快发展与社会和谐稳定中发挥更大作用。座谈会回顾总结了工会送温暖和帮扶工作的历程和经验，并表彰了全国工会帮扶工作先进集体和先进个人。

6 月，中华全国总工会发出《关于深入推进全国工会“面对面、心贴心、实打实服务职工在基层”活动的通知》，强调“要做到每名工会干部都发动起来，每个基层工会组织都参与进来，力争实现工会干部对服务职工活动的全员参与，服务职工活动对企业工会和职工的全面覆盖”。各级工会认真贯彻通知精神，全面发动广大工会干部深入基层、最广泛联系职工，扑下身子、走出机关、接上地气、服务职工，了解职工思想动态，切实关心、帮助解决职工最关心的切身利益问题，在转变作风中密切了与职工群众的联系。

11 月 8 日至 14 日，中国共产党第十八次全国代表大会在北京举行。胡锦涛作题为《坚定不移沿着中国特色社会主义道路前进，为全面建成小康社会而奋斗》的报告。报告提出了全面建成小康社会和全面深化改革开放的目标。强调要在转变经济发展方式取得重大进展，在发展平衡性、协调性、可持续性明显增强的基础上，实现国内生产总值和城乡居民人均收入比2010年翻一番。科技进步对经济增长的贡献率大幅上升，进入创新型国家行列。工业化基本实现，信息化水平大幅提升，城镇化质量明显提高，农业现代化和社会主义新农村建设成效显著，区域协调发展机制基本形成。对外开放水平进一步提高，国际竞争力明显增强。同时实现人民民主不断扩大，文化软实力显著增强，人民生活水平全面提高，资源节约型、环境友好型社会建设取得重大进展，不失时机深化重要领域改革，确保到2020年实现全面建成小康社会宏伟目标。在党的十八届一中全会上，习近平当选为中共中央总书记。党的十八大以来，中国特色社会主义进入新时代。

11月21日，中华全国总工会召开“学习贯彻党的十八大精神，总结党的十六大以来工会工作成就”座谈会。中华全国总工会副主席、书记处第一书记王玉普主持会议并讲话。他总结回顾了十年来工会工作取得的辉煌业绩，强调要把握的重要启示主要有：坚持走中国特色社会主义工会发展道路，始终保持工会工作正确政治方向；坚持把思想理论建设放在首位，加强理论武装，推进理论创新；坚持立足国情会情，一切从实际出发，创造性地破解矛盾和问题；坚持以职工为本，把代表和维护广大职工利益作为工会一切工作的出发点和落脚点，充分发挥组织、引导、服务职工和维护职工合法权益的重要作用；坚持推进工会工作改革创新，不断改进组织体制、运行机制和活动方式，提高工会建设科学化水平，有力地推动中国工运事业不断繁荣发展。

2013年

2月28日至3月1日，中华全国总工会召开十五届七次执委会议。会议要求，各级工会着力推动科学发展，充分发挥广大职工在全面建成小康社会中的主力军作用；着力构建和谐劳动关系，维护和发展职工合法权益；着力加强新形势下职工群众工作，把广大职工更加紧密地团结在党的周围；着力以改革创新精神推进工会自身建设，打造学习型服务型创新型工会，团结带领广大职工为完成党的十八大确立的目标任务作出新的贡献。会议通过了《关于深入学习贯彻党的十八大精神，坚定不移走中国特色社会主义工会发展道路，团结动员广大职工为全面建成小康社会建功立业的决议》。李建国当选为中华全国总工会主席。

4月28日，习近平总书记亲临中华全国总工会机关，同全国劳动模范代表亲切座谈。习近平总书记强调，必须充分发挥工人阶级的主力军作用。工人阶级是我国的领导阶级，是我国先进生产力和生产关系的代表，是我们党最坚实最可靠的阶级基础，是全面建成小康社会、坚持和发展中国特色社会主义的主力军。习近平总书记指出，我国工人阶级要牢固树立中国特色社会主义理想信念，坚定永远跟党走的信念，坚决拥护社会主义制度，坚决拥护改革开放，始终做坚持中国道路的柱石；要自觉践行社会主义核心价值观，发扬我国工人阶级的伟大品格，用先进思想、模范行动影响和带动全社会，不断为中国精神注入新能量，始终做弘扬中国精神的楷模；要坚持以振兴中华为己任，充分发挥伟大创造力量，发扬工人阶级识大体、顾大局的光荣传统，自觉维护安定团结的政治局面，始终做凝聚中国力量的中坚。习近平总书记亲临全国总工会机关，与全国劳模代表座谈，体现了党中央对工人阶级的深厚感情，对劳动模范的高度重视，对工会工作的充分肯定，也是对全总机关干部和全国广大工会工作者的极大关怀、信任、鼓舞和鞭策。

9 月，中华全国总工会十五届八次执委会议召开。中共中央政治局委员、全国人大常委会副委员长、中华全国总工会主席李建国主持会议并讲话。李建国指出，即将召开的中国工会十六大，是全国工会系统和广大职工群众的一件大事。成功召开中国工会十六大，关键是把党的十八大精神和习近平总书记系列重要讲话特别是 4 月 28 日同全国劳动模范代表座谈时的重要讲话精神，与中国工运和工会工作的实践很好地结合起来，全面体现和贯穿到工会十六大筹备工作的全过程，落实到工会的各项工作中。

10 月 18 日至 22 日，中国工会第十六次全国代表大会举行。习近平、李克强、张德江、俞正声、刘云山、王岐山、张高丽等党和国家领导人出席大会开幕式。来自全国各行各业的1980多名中国工会十六大代表和93名特邀代表，承载着亿万职工的重托出席盛会。刘云山代表党中央向中国工会十六大致题为《在为实现中国梦不懈奋斗中铸就工人阶级新辉煌》的祝词。祝词要求我国工人阶级深入贯彻党的十八大精神，深入贯彻习近平总书记一系列重要讲话精神，进一步增强责任感、使命感，大力弘扬主人翁精神，充分发挥主力军作用，为实现中国梦而不懈奋斗。要始终做坚持中国道路的柱石，始终做弘扬中国精神的楷模，始终做凝聚中国力量的中坚。李建国作题为《高举旗帜、改革创新，团结动员亿万职工在实现中国梦历史进程中充分发挥主力军作用》的报告。报告明确提出为实现中华民族伟大复兴的中国梦而奋斗，是我国工人运动的时代主题，强调工人阶级是全面建成小康社会、坚持和发展中国特色社会主义、实现中国梦的主力军，工会作为党领导的重要人民团体，担负着团结动员广大职工为实现中国梦而奋斗的庄严历史使命。在新的形势下，我国工人运动只有高举中国特色社会主义伟大旗帜，牢牢把握为实现中国梦而奋斗这个时代主题，才能引领历史潮流，坚持正确方向，生机勃勃地向前迈进。李建国当选为中华全国总工会主席，陈豪、刘国中、张少琴、徐福顺、陈荣书、尔肯江·吐拉洪、李世明、邱小平、焦开河、范继英、崔郁、江广平、许振超、郭明义为副主席；陈豪为书记处第一书记，刘国中、陈荣书、王瑞生、李世明、焦开河、范继英、江广平、赵世洪、郭军为书记处书记；李守镇为经费审查委员会主任。中国工会十六大的成功举行，对于高举中国特色社会主义伟大旗帜，牢牢把握为实现中华民族伟大复兴中国梦而奋斗的我国工人运动时代主题，坚定不移走中国特色社会主义工会发展道路，团结动员亿万职工在全面建成小康社会、实现中华民族伟大复兴中国梦的历史进程中充分发挥工人阶级主力军作用，具有重要的现实意义和深远的历史意义。

10 月 23 日，习近平总书记同中华全国总工会新一届领导班子成员集体谈话，强调工会要坚持正确政治方向，牢牢把握为实现中华民族伟大复兴中国梦而奋斗的我国工运时代主题，做好维护职工群众切身利益工作，在坚持党的群众路线、密切联系职工群众方面作表率。

11 月 9 日至 12 日，中国共产党十八届三中全会召开，审议通过《中共中央关于全面深化改革若干重大问题的决定》，对全面深化改革作出部署。全会指出，全面深化改革的总目标是完善和发展中国特色社会主义制度，推进国家治理体系和治理能力现代化。必须更加注重改革的系统性、整体性、协同性，加快发展社会主义市场经济、民主政治、先进文化、和谐社会、生态文明，让一切劳动、知识、技术、管理、资本的活力竞相迸发，让一切创造社会财富的源泉充分涌流，让发展成果更多更公平惠及全体人民。党的十八届三中全会闭幕以后，中华全国总工会下发《关于认真学习宣传贯彻党的十八届三中全会精神的通知》，就全国工会系统学习宣传贯彻三中全会精神作出明确部署，要求各级工会组织充分认识全会的重大意义，把广大职工和工会干部的思想行动统一到全会精神上来，把职工群众的智慧和力量凝聚到为推动全面深化改革作贡献上来，围绕中心、服务大局，充分调动广大职工群众积极投身改革事业。

12 月 24 日，中华全国总工会召开十六届二次执委会议，通过《关于认真学习贯彻党的十八届三中全会精神，团结动员广大职工为全面深化改革作贡献的决议》。会议要求把广大职工群众的智慧和力量进一步凝聚到推进全面深化改革、推动科学发展、实现稳中求进上来，以改革创新的精神和饱满的工作热情、严谨的工作态度、务实的工作作风，努力抓好各项工作的落实，推动工会工作创新发展。

2014 年

2 月 22 日，为进一步学习贯彻习近平总书记系列重要讲话特别是关于工会工作的重要指示精神，中华全国总工会办公厅印发《关于开展加强基层工会建设问题调研活动的通知》，定于 2014 年 2 月至 6 月开展加强基层工会建设问题调研活动。

4 月 30 日，习近平总书记在乌鲁木齐接见劳动模范和先进工作者、先进人物代表，强调要把全心全意依靠工人阶级的方针落实好，在全社会大力弘扬劳动光荣、知识崇高、人才宝贵、创造伟大的时代新风，教育引导广大青少年牢固树立热爱劳动的思想、牢固养成热爱劳动的习惯，为祖国发展培养一代又一代勤于劳动、善于劳动的高素质劳动者；强调实现奋斗目标，归根结底要靠辛勤劳动、诚实劳动、科学劳动。

9月8日，习近平总书记在中华全国总工会党组《关于落实习总书记重要指示加强基层工会建设调研情况的报告》上作出重要批示，要求工会从巩固党执政的阶级基础和群众基础的高度出发，着力扩大覆盖面、增强代表性，着力强化服务意识、提高维权能力，着力加强队伍建设、提升保障水平，切实增强工会组织的凝聚力，引导广大职工群众坚定跟党走。

10月20日至23日，中国共产党十八届四中全会举行，审议通过《中共中央关于全面推进依法治国若干重大问题的决定》。该文件强调，全面推进依法治国，总目标是建设中国特色社会主义法治体系，建设社会主义法治国家。在中国共产党的领导下，坚持中国特色社会主义制度，贯彻中国特色社会主义法治理论，形成完备的法律规范体系、高效的法治实施体系、严密的法治监督体系、有力的法治保障体系，形成完善的党内法规体系，坚持依法治国、依法执政、依法行政共同推进，坚持法治国家、法治政府、法治社会一体建设，实现科学立法、严格执法、公正司法、全民守法，促进国家治理体系和治理能力现代化。

12月，中华全国总工会十六届三次执委会议提出《中华全国总工会关于贯彻落实党的十八届四中全会精神大力推进工会工作法治化建设的实施意见》。该文件强调，各级工会要认真学习、深刻领会、全面贯彻《中共中央关于全面推进依法治国若干重大问题的决定》精神，按照实施意见的要求，建立主要领导负总责的领导机构、各部门齐抓共管的工作制度和责任落实机制，明确目标任务，制订具体工作方案，加强舆论宣传和经费保障，确保各项部署落到实处。

2015 年

1 月 8 日，中共中央印发《中共中央关于加强和改进党的群团工作的意见》。内容包括：新形势下加强和改进党的群团工作的重要性和紧迫性；坚定不移走中国特色社会主义群团发展道路；加强党委对群团工作的组织领导；推动群团组织团结动员群众围绕中心任务建功立业；推动群团组织引导群众自觉培育和践行社会主义核心价值观；支持群团组织加强服务群众和维护群众合法权益工作；支持群团组织在社会主义民主中发挥作用；支持群团组织参与创新社会治理和维护社会稳定；推动群团组织改革创新、增强活力；加大对群团工作的支持保障力度；加强群团组织领导班子和干部队伍建设。意见深刻阐述了加强和改进党的群团工作的重要意义，鲜明提出并阐述了中国特色社会主义群团发展道路，具有很强的理论性、系统性、创新性、指导性，是推动群团事业发展、开创群团工作新局面的纲领性文件。

4 月 28 日，庆祝“五一”国际劳动节暨表彰全国劳动模范和先进工作者大会召开，授予 2064 人全国劳动模范荣誉称号，授予 904 人全国先进工作者荣誉称号。习近平总书记发表重要讲话，高度评价工人阶级和广大劳动群众在中国特色社会主义伟大事业中的重要地位和作用，重申全心全意依靠工人阶级的根本方针，强调要始终弘扬劳模精神、劳动精神，始终坚持人民主体地位，始终实现好、维护好、发展好最广大人民根本利益，始终高度重视提高劳动者素质。

7 月 6 日至 7 日，中央党的群团工作会议在北京召开。会议的主要任务是分析研究新形势下党的群团工作面临的新情况新问题，贯彻落实《中共中央关于加强和改进党的群团工作的意见》，总结成功经验，解决突出问题，推动改革创新，努力开创党的群团工作新局面。习近平总书记出席会议并在会上强调，党的群团工作和群团组织必须保持和增强政治性、先进性、群众性，这是群团工作和群团组织的本质属性、基本定位和工作主线。其中，政治性是灵魂和第一位要求，先进性是应有之义和内在要求，群众性是根本特点和生命线。习近平总书记的重要讲话，从巩固党执政的阶级基础、群众基础的战略高度，从推进党和国家事业长远发展的全局高度，深刻阐明了党的群团工作的一系列重大理论和实践问题，是指导新形势下党的群团工作的纲领性文献。

中共中央印发《中共中央关于加强和改进党的群团工作的意见》和中央党的群团工作会议召开后，中华全国总工会高度重视，迅速传达学习，抓好贯彻落实。中共中央政治局委员、全国人大常委会副委员长、中华全国总工会主席李建国带队开展专题调研，就深入学习贯彻中央党的群团工作会议精神，增强做好工会工作的责任感、使命感，把工会组织建设得更加充满活力、更加坚强有力，把广大职工更加紧密地团结在党的周围，提出了具体要求。全总召开党组会议，专题传达学习《中共中央关于加强和改进党的群团工作的意见》，并对贯彻落实工作作出了安排部署。中华全国总工会先后制定下发《关于学习宣传贯彻中央党的群团工作会议精神的通知》《关于贯彻落实〈中共中央关于加强和改进党的群团工作的意见〉的实施方案》，要求各级工会迅速掀起学习宣传贯彻会议精神的热潮，把思想和行动统一到中央精神上来，忠诚履行职责，勇于改革创新，团结动员广大职工立足本职岗位创新创造创业，在为实现中华民族伟大复兴中国梦而奋斗中展现工会组织的新作为。

7 月 23 日，中央改革办下发通知，决定在中华全国总工会、上海和重庆开展群团机关改革试点。11 月 9 日，习近平总书记主持召开中央全面深化改革领导小组第十八次会议，审议通过了《全国总工会改革试点方案》《上海市群团改革试点方案》《重庆市群团改革试点方案》。在中华全国总工会开展中央群团机关改革试点，是党中央从协调推进“四个全面”战略布局出发作出的重大决策部署，是全总历史上的一件大事，意义重大，影响深远。全国总工会坚持以上带下，指导上海市总工会和重庆市总工会专项改革，推动展开整个工会系统改革。经过不懈努力，全总改革试点取得了重大成效：增强工会组织广泛性和代表性，提高领导机构中职工代表比例；对机关职能和机构设置进行整合优化；加大工会资源向基层倾斜力度；改进机关干部管理方式，突出基层一线工作经历、群众工作经历，不拘一格选拔人才，建立一支专职为主、兼职与挂职相结合的机关干部队伍；实施全国工会“互联网 +”行动计划，推行“互联网 +”工会普惠性服务；联系引导劳动关系领域社会组织，做好维护职工队伍稳定工作。

10 月 26 日至 29 日，中国共产党十八届五中全会召开，审议通过《中共中央关于制定国民经济和社会发展第十三个五年规划的建议》。全会认为，到 2020 年全面建成小康社会，是我们党确定的“两个一百年”奋斗目标的第一个百年奋斗目标。“十三五”时期是全面建成小康社会决胜阶段，“十三五”规划必须紧紧围绕实现这个奋斗目标来制定。全会强调，如期实现全面建成小康社会奋斗目标，推动经济社会持续健康发展，必须遵循以下原则：坚持人民主体地位，坚持科学发展，坚持深化改革，坚持依法治国，坚持统筹国内国际两个大局，坚持党的领导。全会强调，实现“十三五”时期发展目标，破解发展难题，厚植发展优势，必须牢固树立并切实贯彻创新、协调、绿色、开放、共享的发展理念。这是关系我国发展全局的一场深刻变革。

2016年

1月，中华全国总工会十六届四次执委会议召开。会议强调，各级工会要深入学习贯彻党的十八届五中全会精神和习近平总书记系列重要讲话精神，按照“五位一体”总体布局和“四个全面”战略布局，坚决贯彻中央决策部署，着力增强“三性”，着力去除“四化”，着力做强基层，着力改革创新，努力在服从服务党和国家工作大局中体现新价值、展现新作为。要组织动员广大职工在实现“十三五”规划中发挥主力军作用，切实履行服务职工群众、维护职工合法权益职责，加大城市困难职工解困脱困的帮扶和保障力度，夯实基层基础、扩大有效覆盖，制订和实施工会“互联网+”行动计划，更自觉更有力地担负起工会系统管党治党的责任，以全总改革试点为契机，推进工会工作全面改革创新，团结动员职工群众为实现“十三五”规划、夺取全面建成小康社会决胜阶段伟大胜利而拼搏奋斗。

4月26日，习近平总书记在知识分子、劳动模范、青年代表座谈会上发表重要讲话，强调要在全社会大力宣传劳动模范的先进事迹，为劳动模范更好施展才华、展现精神品格提供全方位支持；要勤于学习、善于实践，踏实劳动、勤勉劳动，不断提高综合素质，练就过硬本领；要大力弘扬劳动精神，提倡通过诚实劳动来实现人生的梦想、改变自己的命运。

8月21日，中央全面深化改革领导小组办公室下达改革任务书，要求由中华全国总工会牵头，会同国家发展改革委、教育部、工业和信息化部、人力资源和社会保障部等部门，做好产业工人队伍建设改革方案的起草制订工作。在中央改革办的指导下，按照中共中央政治局委员、全国人大常委会副委员长、中华全国总工会主席李建国要求，五个部门把研究起草改革方案作为一项重大政治任务来抓，迅速成立了由全总党组书记、副主席、书记处第一书记李玉赋任组长，五个部门分管领导为成员的推进产业工人队伍建设改革协调小组。9月至10月，由五个部门领导带队赴12个省（区、市）、100多家企业开展调研，征求党政领导、产业工人、工会干部、企业经营者和专家学者等意见建议。多次召开专题研讨会、工作协调会和征求意见座谈会等，对改革方案深入研讨、反复论证。先后两次征求了中央和国家机关30多个部门和单位意见，对各方面意见建议能采纳的都予以采纳。在达成一致基础上，提请中央深改组审议。

10月24日至27日，中国共产党十八届六中全会召开。全会审议通过《关于新形势下党内政治生活的若干准则》和《中国共产党党内监督条例》，审议通过《关于召开党的第十九次全国代表大会的决议》。全会号召，全党同志紧密团结在以习近平同志为核心的党中央周围，全面深入贯彻本次全会精神，牢固树立政治意识、大局意识、核心意识、看齐意识，坚定不移维护党中央权威和党中央集中统一领导，继续推进全面从严治党，共同营造风清气正的政治生态，确保党团结带领人民不断开创中国特色社会主义事业新局面。

2017 年

1 月，中华全国总工会十六届五次执委会议召开。会议要求，各级工会要深入学习贯彻党的十八届六中全会精神，牢固树立“四个意识”，坚决维护以习近平同志为核心的党中央权威，党组要切实履行全面从严治党主体责任，驰而不息加强作风建设。要坚持以人民为中心的发展思想，依法履行好工会维权基本职责，把“职工之家”“娘家人”的称号做得更加名副其实。加大为职工办实事解难事力度，帮助职工解决就业和生活上遇到的新问题，扩大职工群众的获得感。高度关注企业关停并转迁过程中的职工权益问题，突出维护好职工劳动经济权益，继续聚焦城市困难职工解困脱困帮扶，为解决农民工工资拖欠积极发挥作用。要深化工会改革，继续加强基层工会组织建设，增强工会吸引力凝聚力战斗力，更好地团结动员亿万职工践行新发展理念，为推进供给侧结构性改革、振兴实体经济建功立业，以优异成绩迎接党的十九大。

2 月 6 日，习近平总书记主持召开十八届中央全面深化改革领导小组第三十二次会议，审议通过《新时期产业工人队伍建设改革方案》《关于全国总工会改革试点工作总结报告》。会议指出，要从巩固党的执政基础的高度，从促进我国经济社会持续健康发展的高度，加快产业工人队伍建设改革。全总要继续在建机制、强功能、增实效上下功夫，巩固改革成果。4月14日，党中央、国务院印发《新时期产业工人队伍建设改革方案》。4月30日，中办、国办出台贯彻落实《新时期产业工人队伍建设改革方案》的责任分工方案。6月20日，全国总工会下发《关于认真学习宣传贯彻〈新时期产业工人队伍建设改革方案〉的通知》，就深刻认识推进产业工人队伍建设改革的重大意义、全面把握推进产业工人队伍建设改革的主要内容、充分发挥工会在推进产业工人队伍建设改革中的积极作用等提出明确要求，强调要将此作为各级工会当前和今后一个时期的重要政治任务抓紧抓好，建设宏大的产业工人队伍，更好地肩负起团结引导亿万产业工人听党话、跟党走的政治责任。各级党委、政府和工会组织把推进这项改革作为重要政治任务来抓，各项改革举措陆续推出并付诸实施，改革取得了重要阶段性成果，广大产业工人的获得感逐步增强。

8月22日，习近平总书记对群团改革工作作出重要指示，要求各群团组织结合自身实际，紧紧围绕增强“政治性、先进性、群众性”，直面突出问题，采取有力措施，敢于攻坚克难，注重夯实群团工作基层基础，努力开创党的群团工作新局面。

9月，中华全国总工会十六届六次执委会议召开。会议要求，各级工会必须加倍努力，以做好各项工作的实际行动迎接党的十九大。要团结动员广大职工为经济社会发展建功立业，有力推进产业工人队伍建设改革，深入实施职工素质建设工程，弘扬劳模精神、劳动精神、工匠精神。要切实做好维护职工合法权益和服务职工工作，把“职工之家”做实，把“娘家人”做真，不断增强广大职工群众的获得感。要推动工会改革创新向纵深发展，继续在建机制、强功能、增实效上下功夫，持之以恒加强基层工会建设，努力开创工会系统工作和改革新局面。

10月18日至24日，中国共产党第十九次全国代表大会召开。习近平作题为《决胜全面建成小康社会，夺取新时代中国特色社会主义伟大胜利》的报告。报告作出中国特色社会主义进入了新时代、我国社会主要矛盾已经转化为人民日益增长的美好生活需要和不平衡不充分的发展之间的矛盾等重大政治论断，深刻阐述了新时代中国共产党的历史使命，提出了新时代坚持和发展中国特色社会主义的基本方略，确定了决胜全面建成小康社会、开启全面建设社会主义现代化国家新征程的目标，对新时代推进中国特色社会主义伟大事业和党的建设新的伟大工程作出了全面部署。大会将习近平新时代中国特色社会主义思想确立为党的指导思想并载入党章，强调习近平新时代中国特色社会主义思想是对马克思列宁主义、毛泽东思想、邓小平理论、“三个代表”重要思想、科学发展观的继承和发展，是马克思主义中国化最新成果，是党和人民实践经验和集体智慧的结晶，是中国特色社会主义理论体系的重要组成部分，是全党全国人民为实现中华民族伟大复兴而奋斗的行动指南，必须长期坚持并不断发展。党的十九大对党和国家事业发展作出的部署中，有很多与工人阶级和工会工作密切相关，包括重申我国是工人阶级领导的、以工农联盟为基础的人民民主专政的社会主义国家；完善职业教育和培训体系，深化产教融合、校企合作，建设知识型、技能型、创新型劳动者大军，弘扬劳模精神和工匠精神，营造劳动光荣的社会风尚和精益求精的敬业风气；注重从产业工人、青年农民、高知识群体中和在非公有制经济组织、社会组织中发展党员；完善政府、工会、企业共同参与的协商协调机制；创新群众工作体制机制和方式方法，推动工会、共青团、妇联等群团组织增强政治性、先进性、群众性，发挥联系群众的桥梁纽带作用；等等。所有这些，为新时代中国工人运动和工会工作指明了方向。

党的十九大闭幕以后，中华全国总工会机关迅速召开党员干部大会，传达学习党的十九大精神。全国人大常委会副委员长、中华全国总工会主席李建国出席会议并讲话。李建国指出，党的十九大的历史贡献，一是明确宣示中国特色社会主义进入了新时代，二是进一步确立了习近平同志在党中央和全党的核心地位，三是将习近平新时代中国特色社会主义思想确立为党的指导思想。各级工会组织和广大工会干部要把认真传达学习、全面贯彻落实党的十九大精神，为实现党的十九大确定的目标任务而奋斗作为重大政治任务和工作主题，紧密团结在以习近平同志为核心的党中央周围，以习近平新时代中国特色社会主义思想统一思想和行动，以新时代的新作为开创工会工作新局面。李建国强调，中国工会是中国共产党领导的工人阶级群众组织，党的初心和使命是激励我们不断前进的根本动力。各级工会要自觉接受党的领导，不忘初心，牢记使命，高举维护职工权益旗帜，牢牢把握我国工人运动时代主题，引领广大职工听党话、跟党走，弘扬劳模精神和工匠精神，在决胜全面建成小康社会、全面建设社会主义现代化国家的新征程中充分发挥工人阶级主力军作用。

2018 年

1 月，中华全国总工会十六届七次执委会议召开。会议指出，经党中央同意，中国工会第十七次全国代表大会将于 2018 年下半年在北京召开。

3 月，中华全国总工会十六届八次执委会议召开。会议选举王东明为中华全国总工会主席。

3 月，中办、国办印发《关于加强和改进新时代产业工人队伍思想政治工作的意见》。为贯彻落实这个文件的精神，全国总工会和各级工会把团结引导广大职工听党话、跟党走作为重要政治责任，提升政治站位、加强理论武装，深化学习教育、层层培训宣讲，推动习近平新时代中国特色社会主义思想进企业、进车间、进班组。坚决贯彻落实意识形态工作责任制，加强工会新闻舆论阵地建设和管理，大力弘扬主旋律、激发正能量，加强和改进职工思想政治工作，深入开展职工思想状况调查，加强职工职业道德建设，扎实开展精神文明创建活动，积极培育健康文明、昂扬向上、全员参与的职工文化，建设职工书屋 10 万多家，辐射职工 6000 万人以上，引导职工践行社会主义核心价值观。各级工会干部和广大职工切实增强“四个意识”，坚定“四个自信”，做到“两个维护”，对习近平新时代中国特色社会主义思想高度认同，对中华民族伟大复兴的光明前景充满信心，在思想上政治上行动上同以习近平同志为核心的党中央保持高度一致。

4 月 30 日，习近平总书记给中国劳动关系学院劳模本科班学员回信，高度肯定劳动模范为党和国家事业发展作出的突出贡献，殷切期望广大劳动模范珍惜荣誉、努力学习，继续拼搏、再创佳绩，用干劲、闯劲、钻劲鼓舞更多的人争做新时代的奋斗者；着重强调社会主义是干出来的、新时代也是干出来的，全社会都应该尊敬劳动模范、弘扬劳模精神，让诚实劳动、勤勉工作蔚然成风。

5 月，中华全国总工会就工会系统学习宣传贯彻习近平总书记给中国劳动关系学院劳模本科班学员回信精神下发通知，要求各级工会组织认真学习领会习近平总书记回信的精神实质和重大意义，把学习贯彻习近平总书记回信精神作为当前和今后一个时期的重大政治任务来抓，摆上重要工作日程，在广大职工和全社会掀起学习宣传贯彻的热潮，以贯彻习近平总书记回信精神为契机激励亿万职工建功新时代。通知指出，习近平总书记的回信，具有很强的思想性、指导性、针对性，是对全国所有劳动模范、广大劳动者的“五一”节日礼赞，是关于工人阶级和工会工作重要论述的重要组成部分，是对包括工人阶级在内的全体中国人民发出的宣言书和动员令，为工会组织引导亿万职工建功新时代指明了方向。回信充分体现了以人民为中心的发展思想和全心全意依靠工人阶级的方针，充分体现了对劳动模范和广大职工的亲切关怀和殷切期望，充分体现了对劳动精神、实干作风的高度尊崇，具有重大的现实意义和历史意义。

10 月 22 日至 26 日，中国工会第十七次全国代表大会召开。在 2009 名中国工会十七大代表中，基层和一线职工代表比例由中国工会十六大时的 47.9% 提高到 65.1%，工人代表比例由中国工会十六大时的 5.9% 提高到 22.2%，进一步增强了代表构成的广泛性、代表性。出席中国工会十七大的代表团 35 个，特邀代表 84 名，港澳来宾 39 名。习近平、李克强、栗战书、汪洋、赵乐际、韩正等党和国家领导人到会祝贺，王沪宁代表党中央发表了题为《展示新时代我国工人阶级团结奋斗新风采》的致辞。他指出，工会是党领导的工人阶级群众组织，承担着组织动员广大职工为完成党的中心任务而共同奋斗的重大责任。立足新时代，各级工会要围绕统筹推进“五位一体”总体布局和协调推进“四个全面”战略布局，忠诚履职、奋力作为，不断开创新时代工会工作新局面。王东明作题为《以习近平新时代中国特色社会主义思想为指导，团结动员亿万职工为决胜全面建成小康社会，夺取新时代中国特色社会主义伟大胜利而奋斗》的报告。报告确定的主题阐明了新时代工会工作的指导思想、发展道路、使命担当和奋斗目标，适应新的形势发展，符合党的要求和职工的期望。报告全面贯彻党的十九大精神，以习近平新时代中国特色社会主义思想为指导，阐述了习近平总书记关于工人阶级和工会工作的重要论述的丰富内涵和实践要求，总结了过去五年工会工作取得的重要成就，提出了今后五年工会工作的主要任务，是指导新时代工会工作的重要文献。王东明当选为中华全国总工会主席，李玉赋、张工、张少琴、蔡振华、翁杰明、张晓兰、阎京华、邱小平、焦开河、江广平、马吉孝、石岱、郭明义、巨晓林、高凤林为副主席；李玉赋为书记处第一书记，张工、蔡振华、阎京华、焦开河、江广平、石岱、张茂华、许山松、王俊治、曲昭伟为书记处书记；李晓钟为经费审查委员会主任。

10 月 29 日，习近平总书记同中华全国总工会新一届领导班子成员集体谈话并发表重要讲话。习近平指出，完成党的十九大提出的目标任务，必须充分发挥工人阶级主力军作用。我国广大职工要牢牢把握为实现中国梦而奋斗的时代主题，把自身前途命运同国家和民族前途命运紧紧联系在一起，把个人梦同中国梦紧密联系在一起，把实现党和国家确立的发展目标变成自己的自觉行动，爱岗敬业、争创一流，以不懈奋斗书写新时代华章，共同创造幸福生活和美好未来。要围绕树立新发展理念、推动高质量发展、建设现代化经济体系，引导职工以“当好主人翁、建功新时代”为主题，深入开展各类竞赛活动。

要加强产业工人队伍建设，加快建设一支宏大的知识型、技能型、创新型产业工人大军。劳动模范是民族的精英、人民的楷模。大国工匠是职工队伍中的高技能人才。工会要协同各个方面为劳动模范、大国工匠发挥作用搭建平台、提供舞台，培养造就更多劳动模范、大国工匠。

10 月 31 日，中华全国总工会发出《中华全国总工会关于认真学习宣传贯彻习近平总书记重要讲话精神完成好中国工会十七大目标任务的通知》。通知强调，认真学习宣传贯彻习近平总书记重要讲话精神，完成好工会十七大提出的目标任务，事关新时代工运事业和工会工作的长远发展，事关广大职工群众的根本利益和切身利益，事关各级工会组织和广大工会干部的共同意志和迫切愿望。学习好、宣传好、贯彻好习近平总书记重要讲话精神，完成好工会十七大目标任务，对于更好地激励全国亿万职工和广大工会干部，以昂扬向上的精神状态和一往无前的奋斗姿态，投身新时代中国特色社会主义的伟大实践，在决胜全面建成小康社会、夺取新时代中国特色社会主义伟大胜利、实现中华民族伟大复兴中国梦的历史进程中凝心聚力、奋发作为，谱写工运事业和工会工作新篇章，具有重大而深远的意义。通知指出，习近平总书记的重要讲话，深刻总结了我们党推进工运事业和工会工作的成功经验，集中阐述了新时代党中央关于工人阶级和工会工作的大政方针，蕴含着习近平总书记的深邃思考和殷切希望，把我们党对工运事业和工会工作的规律性认识提升到了一个新高度，进一步丰富发展了习近平总书记关于工人阶级和工会工作的重要论述，在指导工运事业和工会工作中展示出强大的思想力量、巨大的引领作用、磅礴的实践伟力。各级工会组织和广大工会干部要认真学习宣传贯彻习近平总书记重要讲话精神，充分认识讲话的重大政治意义、深远历史意义、深刻理论意义、鲜明实践意义，深刻理解把握讲话的精神实质和丰富内涵，不断增强为党的工运事业奋斗的政治责任感和历史使命感。

全国人大常委会副委员长、中华全国总工会主席王东明在《求是》杂志 2018 年第 22 期发表题为《奋力开创新时代工运事业和工会工作新局面——学习贯彻习近平总书记在同中华全国总工会新一届领导班子成员集体谈话时的重要讲话精神》的文章，提出“五个坚决”：坚决防止敌对势力借机插手煽动、渗透破坏，坚决防止“独立工会”、“民间工会”出现，坚决维护职工队伍和工会组织的团结统一，坚决维护企业和社会大局和谐稳定，坚决捍卫中国共产党领导和我国社会主义制度。

2013 年至 2018 年的五年间，职工的劳动和技能竞赛蓬勃发展。参加基层企事业工会开展的劳动和技能竞赛的职工达 5.2 亿人次，提出合理化建议 6224.6 万件，实现技术革新 349.0 万项。开展“中国梦·大国工匠篇”、“大国工匠进校园”主题宣传，选树“金牌工人”、“首席技师”、“首席员工”271.1 万人次，县级及县级以上地方工会命名劳模创新工作室 1.8 万家，七项一线技术工人创新成果荣获国家科技进步奖，叫响做实“大国工匠”品牌，与中央广播电视总台合作推出“大国工匠年度人物”“大国工匠”系列报道，推动形成尊重劳动、崇尚技能、鼓励创造的社会风尚。

2019 年

2 月，中华全国总工会十七届二次执委会议召开。全国人大常委会副委员长、中华全国总工会主席王东明强调，各级工会要强化理论武装，坚持以习近平新时代中国特色社会主义思想为指导，深入学习贯彻习近平总书记关于工人阶级和工会工作的重要论述特别是在同全总新一届领导班子成员集体谈话时的重要讲话精神，始终坚持以科学理论武装头脑、指导实践、推动工作，把牢工会工作正确方向。王东明指出，习近平总书记关于工人阶级和工会工作的重要论述，是习近平新时代中国特色社会主义思想的重要组成部分，要通过学习，不断增强“四个意识”，坚定“四个自信”，坚决做到“两个维护”，始终在思想上政治上行动上同以习近平同志为核心的党中央保持高度一致。要充分认识重要论述的重大意义，深刻领会精神实质，分类指导抓好学习，知行合一强化实践，牢牢把握“四个立足”谋划推进工会工作。王东明要求，要紧紧围绕为实现中国梦而奋斗的时代主题，以“当好主人翁、建功新时代”为载体，团结动员广大职工为决胜全面建成小康社会建功立业。要广泛深入持久开展各种形式的劳动和技能竞赛，扩大覆盖面、提高参与度，落实到基层、深入到一线，长期坚持下去、形成长效机制。要认真履行维护职工合法权益、竭诚服务职工群众的基本职责，以维护劳动经济权益为重点做好维权工作，以满足职工需求为重点做好服务工作，以城镇困难职工解困脱困为重点做好帮扶工作，学习借鉴精准扶贫经验，坚持摸清底数、分类施策，落实专人负责、跟踪帮扶，确保城镇困难职工和广大职工群众同步迈入小康社会。王东明强调，各级工会要坚持守土有责、守土尽责，坚决落实党中央防范化解重大风险决策部署，切实履行加强对职工思想政治引领的政治责任，把亿万职工群众紧密团结在以习近平同志为核心的党中央周围，坚定不移听党话、跟党走。要切实增强忧患意识强化底线思维，坚持维权与维稳相统一，积极主动排查劳动关系领域风险隐患，将“五个坚决”不折不扣落到实处。要继续围绕保持和增强政治性、先进性、群众性主线，深化工会改革创新，不断增强工会生机和活力。要以党的政治建设为统领全面加强工会系统党的建设，加强干部能力建设，持之以恒转变作风，久久为功抓好落实，努力完成好工会十七大确定的各项目标任务，推动工会工作开创新局面、迈上新台阶，以优异成绩迎接新中国成立 70 周年。

4 月 23 日，中华全国总工会作出《中华全国总工会关于表彰 2019 年全国五一劳动奖和全国工人先锋号的决定》，授予北京福田戴姆勒汽车有限公司等 92 个单位全国五一劳动奖状，授予姜顺玉等 695 名职工全国五一劳动奖章，授予北京金板寸文化发展中心金板寸学雷锋志愿者服务队等 797 个集体全国工人先锋号。

10 月 1 日上午，庆祝中华人民共和国成立 70 周年大会在北京天安门广场隆重举行，20 余万军民以盛大的阅兵仪式和群众游行欢庆新中国 70 华诞。中共中央总书记、国家主席、中央军委主席习近平发表重要讲话并检阅受阅部队。1 日晚，庆祝中华人民共和国成立 70 周年联欢活动在北京天安门广场盛大举行。国庆 70 周年庆祝活动是国之大典，气势恢宏、大度雍容，纲维有序、礼乐交融，充分展示了新中国成立 70 年来的辉煌成就，有力彰显了国威军威，极大振奋了民族精神。

10 月 28 日至 31 日，中国共产党十九届四中全会在北京召开。全会审议通过《中共中央关于坚持和完善中国特色社会主义制度、推进国家治理体系和治理能力现代化若干重大问题的决定》。全会提出，坚持和完善中国特色社会主义制度、推进国家治理体系和治理能力现代化的总体目标是，到我们党成立 100 年时，在各方面制度更加成熟更加定型上取得明显成效；到 2035 年，各方面制度更加完善，基本实现国家治理体系和治理能力现代化；到新中国成立 100 年时，全面实现国家治理体系和治理能力现代化，使中国特色社会主义制度更加巩固、优越性充分展现。

11 月，中华全国总工会分别召开党组（扩大）会议和机关党员干部大会，传达学习党的十九届四中全会精神，学习领会习近平总书记重要讲话精神。全总党组书记、副主席、书记处第一书记李玉赋主持会议并讲话，强调要充分认识党的十九届四中全会的重大现实意义和深远历史意义，按照王东明同志要求，切实把思想和行动统一到全会精神上来，推动全会精神在工会系统全面贯彻落实，为坚持和完善中国特色社会主义制度、推进国家治理体系和治理能力现代化作出应有的贡献。

2020年

2020年，面对突如其来的新冠肺炎疫情，我国工人阶级和广大劳动群众响应党中央号召，风雨同舟、众志成城，积极投身疫情防控的人民战争、总体战、阻击战，为全国抗疫斗争取得重大战略成果、统筹疫情防控和经济社会发展工作取得积极成效作出了突出贡献，充分展现了中国人民和中华民族的伟大力量。中华全国总工会组织开展了解困脱困集中攻坚行动，各级工会着力建立预防相对困难职工返困预警和帮扶工作机制，及时避免了返贫致困情况大规模发生。

4月，中华全国总工会十七届三次执委会议召开。这次执委会议的主要任务是，以习近平新时代中国特色社会主义思想为指导，全面贯彻党的十九大和十九届二中、三中、四中全会精神，学习贯彻习近平总书记关于工人阶级和工会工作的重要论述，贯彻落实党中央关于统筹推进新冠肺炎疫情防控和经济社会发展工作的重要部署，传达学习中央书记处听取群团组织工作汇报时的重要指示精神，总结2019年以来的工会工作，部署2020年工作任务。全国人大常委会副委员长、中华全国总工会主席王东明在讲话中强调，适应新形势、完成新任务，亿万职工使命光荣，工会组织责任重大。我们要更加紧密地团结在以习近平同志为核心的党中央周围，以习近平新时代中国特色社会主义思想为指导，开拓进取、顽强奋斗，团结动员广大职工为决胜全面建成小康社会、决战脱贫攻坚，夺取疫情防控和实现经济社会发展目标双胜利作出新的更大贡献。

10 月 26 日至 29 日，中国共产党召开十九届五中全会，审议通过《中共中央关于制定国民经济和社会发展第十四个五年规划和二〇三五年远景目标的建议》。全会指出，展望二〇三五年，我国经济实力、科技实力、综合国力将大幅跃升，经济总量和城乡居民人均收入将再迈上新的大台阶，关键核心技术实现重大突破，进入创新型国家前列；基本实现新型工业化、信息化、城镇化、农业现代化，建成现代化经济体系；基本实现国家治理体系和治理能力现代化，人民平等参与、平等发展权利得到充分保障，基本建成法治国家、法治政府、法治社会；建成文化强国、教育强国、人才强国、体育强国、健康中国，国民素质和社会文明程度达到新高度，国家文化软实力显著增强；广泛形成绿色生产生活方式，碳排放达峰后稳中有降，生态环境根本好转，美丽中国建设目标基本实现；形成对外开放新格局，参与国际经济合作和竞争新优势明显增强；人均国内生产总值达到中等发达国家水平，中等收入群体显著扩大，基本公共服务实现均等化，城乡区域发展差距和居民生活水平差距显著缩小；平安中国建设达到更高水平，基本实现国防和军队现代化；人民生活更加美好，人的全面发展、全体人民共同富裕取得更为明显的实质性进展。

11月24日，全国劳动模范和先进工作者表彰大会隆重召开，授予1689人全国劳动模范称号，授予804人全国先进工作者称号。习近平总书记在讲话中指出，劳动模范是民族的精英、人民的楷模，是共和国的功臣。我国是人民当家作主的社会主义国家，党和国家始终坚持全心全意依靠工人阶级方针，始终高度重视工人阶级和广大劳动群众在党和国家事业发展中的重要地位，始终高度重视发挥劳动模范和先进工作者的重要作用。习近平总书记强调，劳动是一切幸福的源泉。新形势下，我国工人阶级和广大劳动群众要继续学先进赶先进，自觉践行社会主义核心价值观，用劳动模范和先进工作者的崇高精神和高尚品格鞭策自己，焕发劳动热情，厚植工匠文化，恪守职业道德，将辛勤劳动、诚实劳动、创造性劳动作为自觉行为。各级党委和政府要尊重劳模、关爱劳模，贯彻好尊重劳动、尊重知识、尊重人才、尊重创造方针，完善劳模政策，提升劳模地位，落实劳模待遇，推动更多劳动模范和先进工作者竞相涌现。

2021年

2月，中华全国总工会十七届四次执委会议召开。这次执委会议的主要任务是，以习近平新时代中国特色社会主义思想为指导，全面贯彻党的十九大和十九届二中、三中、四中、五中全会精神，学习贯彻习近平总书记关于工人阶级和工会工作的重要论述特别是在全国劳动模范和先进工作者表彰大会上的重要讲话精神，学习贯彻中央经济工作会议精神，传达学习中央书记处重要指示精神，总结 2020 年工会工作，部署 2021 年工作任务，履行有关人事事项的民主程序。会议通过《中华全国总工会关于认真学习贯彻党的十九届五中全会和全国劳模大会精神，组织动员广大职工为实现“十四五”规划和二〇三五年远景目标建功立业的决议》，选举陈刚为中华全国总工会副主席。中华全国总工会第十七届执行委员会主席团第九次全体会议推选陈刚为中华全国总工会书记处第一书记。

3 月 2 日，中华全国总工会机关党史学习教育动员大会在京召开。全总党组书记、副主席、书记处第一书记、全总党史学习教育领导小组组长陈刚在会上传达了习近平总书记在党史学习教育动员大会上的重要讲话精神，要求各级工会把开展党史学习教育作为一项重要政治任务，按照党中央统一部署，以强烈的政治自觉、思想自觉、行动自觉参加党史学习教育，激发工作生机活力，推动党的工运事业和工会工作创新发展，更好承担起引导广大职工听党话、跟党走的政治责任。

4 月 6 日，中国海员工会成立 100 周年纪念大会在广州市第一次全国劳动大会旧址召开。全国人大常委会副委员长、中华全国总工会主席王东明就纪念中国海员工会成立 100 周年专门作出重要批示，对中国海员工会在党的领导下，为中国革命、建设、改革开放事业作出的重要贡献给予充分肯定，希望中国海员建设工会不忘初心、牢记使命，发扬传统、继往开来，锐意进取、扎实工作，组织动员全系统广大职工更加紧密地团结在以习近平同志为核心的党中央周围，充分发挥工人阶级主力军作用，为实现“第二个百年”奋斗目标、实现中华民族伟大复兴的中国梦贡献智慧和力量。

4月27日，庆祝“五一”国际劳动节暨“建功‘十四五’、奋进新征程”主题劳动和技能竞赛动员大会在北京人民大会堂隆重举行。397个集体和1197名个人分别获得全国五一劳动奖状、奖章，1297个集体获全国工人先锋号。全国人大常委会副委员长、中华全国总工会主席王东明在会议上指出，受表彰的先进集体和个人是立场坚定的模范、建功立业的先锋、创新创造的楷模、顾全大局的表率。广大职工群众要以他们为榜样，切实把思想和行动统一到习近平总书记重要讲话、重要指示精神和党中央决策部署上来，把力量凝聚到为促进高质量发展建功立业上来。先进集体和先进个人要珍惜荣誉、再接再厉，奋进新征程、再创新辉煌。王东明强调，“十四五”规划和二〇三五年远景目标为广大职工群众发挥作用、建功立业提供了广阔空间和舞台。各级工会要立足“两个大局”，心怀“国之大者”，团结带领广大职工准确把握新发展阶段，深入贯彻新发展理念，服务构建新发展格局，推动高质量发展，为国家富强、民族复兴、人民幸福贡献智慧和力量。

在“五一”国际劳动节到来之际，中共中央总书记、国家主席、中央军委主席习近平代表党中央，向全国广大劳动群众致以节日的祝贺和诚挚的慰问。习近平指出，今年是实施“十四五”规划、开启全面建设社会主义现代化国家新征程的第一年，是中国共产党成立100周年。广大劳动群众迎难而上，拼搏奉献，克服新冠肺炎疫情等不利影响，为党和国家事业发展作出了重要贡献。习近平强调，劳动创造幸福，实干成就伟业。希望广大劳动群众大力弘扬劳模精神、劳动精神、工匠精神，勤于创造、勇于奋斗，更好发挥主力军作用，满怀信心投身全面建设社会主义现代化国家、实现中华民族伟大复兴中国梦的伟大事业。各级党委和政府要充分调动广大劳动群众积极性、主动性、创造性，切实保障广大劳动群众合法权益，支持和激励广大劳动群众在新时代更好建功立业。

4月30日晚，中华全国总工会党组迅速召开专题会议，认真学习习近平总书记重要指示精神。全国人大常委会副委员长、中华全国总工会主席王东明对学习宣传贯彻习近平总书记重要指示精神提出要求，强调习近平总书记代表党中央向全国广大劳动群众致以节日祝贺和诚挚慰问，充分体现了总书记和党中央对广大劳动群众的亲切关怀和殷切期望，是对亿万职工群众的巨大鼓舞，也为进一步做好工会工作指明了前进方向，提出了更高要求。全总和各级工会要认真学习贯彻习近平总书记重要指示精神，引导广大工会干部和职工群众进一步增强“四个意识”、坚定“四个自信”、做到“两个维护”。要大力弘扬劳模精神、劳动精神、工匠精神，组织开展“建功

‘十四五’、奋进新征程”主题劳动和技能竞赛，为实现中华民族伟大复兴的中国梦贡献智慧和力量。

5 月 1 日，中华全国总工会印发《关于学习宣传贯彻习近平总书记重要指示精神的通知》，要求各级工会把学习宣传贯彻习近平总书记重要指示精神作为当前和今后一个时期的重大政治任务，深化学习理解，广泛宣传宣讲，狠抓贯彻落实，在广大职工和工会干部中迅速兴起学习宣传贯彻热潮，把重要指示精神融入工会工作各方面，动员广大职工群众建功新时代、奋进新征程。

5 月 31 日，城市困难职工解困脱困工作总结表彰会在京召开。全国人大常委会副委员长、中华全国总工会主席王东明出席会议并讲话。王东明指出，推动城市困难职工解困脱困是党中央交给工会组织的一项重要政治任务。经过五年来的奋斗，城市困难职工解困脱困工作目标如期实现，困难职工生活水平明显提高、发展能力不断增强、精神风貌得到改变，党同职工群众的血肉联系更加紧密，为全面建成小康社会、推动共同富裕作出了积极贡献。在城市困难职工解困脱困工作中作出重要贡献的 120 个集体和 120 名个人受到通报表扬；云南省总工会职工帮扶中心等 20 个集体和郭燕等 31 名个人分别被授予全国五一劳动奖状、奖章。

6 月 1 日，中华全国总工会第十七届执行委员会第十次主席会议在北京召开。会议总结全总十七届四次执委会议以来的工作，研究部署当前及今后一个时期重点工作。全国人大常委会副委员长、中华全国总工会主席王东明主持会议并讲话。王东明指出，全总十七届四次执委会议以来，全总和各级工会紧紧围绕中心、服务大局、突出重点、开拓创新，各项工作扎实有效推进，取得了积极进展。要进一步加强思想政治引领，做细做实思想政治工作，团结引导职工群众听党话、感党恩、跟党走，不断巩固党长期执政的阶级基础和群众基础。要把学习贯彻习近平总书记关于工人阶级和工会工作的重要论述作为首要政治任务，进一步增强“四个意识”、坚定“四个自信”、做到“两个维护”，始终在思想上政治上行动上同以习近平同志为核心的党中央保持高度一致。要在全总机关和工会系统扎实开展党史学习教育，并与学习新中国史、改革开放史、社会主义发展史结合起来，与学习党领导的百年工运史结合起来，从中汲取信心和力量。要把开展“我为群众办实事”实践活动作为党史学习教育的鲜明特色和突出亮点，开展好“工会进万家”调研走访慰问活动、全总机关和工会系统干部赴基层蹲点活动，帮助解决职工群众的操心事、烦心事、揪心事。要组织开展好庆祝建党100周年系列活动，深入开展“永远跟党走”群众性主题宣传教育活动，让宣传教育有特色、接地气、入人心。中华全国总工会党组书记、副主席、书记处第一书记陈刚在会上作全总十七届四次执委会议以来的工作情况和下一步工作安排的汇报。

7月1日，庆祝中国共产党成立100周年大会在北京天安门广场隆重举行。中共中央总书记、国家主席、中央军委主席习近平发表重要讲话。习近平指出，十月革命一声炮响，给中国送来了马克思列宁主义。在中国人民和中华民族的伟大觉醒中，在马克思列宁主义同中国工人运动的紧密结合中，中国共产党应运而生。中国产生了共产党，这是开天辟地的大事变，深刻改变了近代以后中华民族发展的方向和进程，深刻改变了中国人民和中华民族的前途和命运，深刻改变了世界发展的趋势和格局。习近平强调，中国共产党一经诞生，就把为中国人民谋幸福、为中华民族谋复兴确立为自己的初心使命。一百年来，中国共产党团结带领中国人民进行的一切奋斗、一切牺牲、一切创造，归结起来就是一个主题：实现中华民族伟大复兴。习近平指出，为了实现中华民族伟大复兴，中国共产党团结带领中国人民，浴血奋战、百折不挠，创造了新民主主义革命的伟大成就；自力更生、发愤图强，创造了社会主义革命和建设的伟大成就；解放思想、锐意进取，创造了改革开放和社会主义现代化建设的伟大成就；自信自强、守正创新，统揽伟大斗争、伟大工程、伟大事业、伟大梦想，创造了新时代中国特色社会主义的伟大成就。中国共产党和中国人民以英勇顽强的奋斗向世界庄严宣告，中华民族迎来了从站起来、富起来到强起来的伟大飞跃，实现中华民族伟大复兴进入了不可逆转的历史进程。习近平强调，过去一百年，中国共产党向人民、向历史交出了一份优异的答卷。现在，中国共产党团结带领中国人民又踏上了实现第二个百年奋斗目标新的赶考之路。习近平代表党中央号召全体中国共产党员，牢记初心使命，坚定理想信念，践行党的宗旨，永远保持同人民群众的血肉联系，始终同人民想在一起、干在一起，风雨同舟、同甘共苦，继续为实现人民对美好生活的向往不懈努力，努力为党和人民争取更大光荣。

7月2日，全国工会学习贯彻习近平总书记在庆祝中国共产党成立100周年大会上的重要讲话精神座谈会以电视电话会议形式召开。全国人大常委会副委员长、中华全国总工会主席王东明出席会议并讲话。王东明指出，习近平总书记在庆祝大会上发表的重要讲话，通篇贯穿党领导人民为实现中华民族伟大复兴而奋斗的主题，全面回顾了一百年来党的光辉历程和伟大成就，深刻阐述了在这一历史进程中积累的宝贵经验特别是中国共产党的伟大建党精神，明确提出了党在新征程上以史为鉴、开创未来必须牢牢把握的九个方面的重大要求。习近平总书记的讲话是新时代坚持和发展中国特色社会主义伟大事业的纲领性文献，也为指导党的工运事业和工会工作提供了强大思想武器。学习贯彻习近平总书记重要讲话精神，是当前和今后一个时期各级工会组织的首要政治任务。必须全面领会、准确把握，持之以恒、不断深化，结合工会工作实际抓好贯彻落实。

7月2日，中华全国总工会党组召开会议，深入学习习近平总书记在庆祝中国共产党成立100周年大会上的重要讲话精神，对工会系统学习贯彻习近平总书记重要讲话精神进行研究部署。全总党组书记、副主席、书记处第一书记陈刚主持会议并讲话。会议强调，要落实王东明同志在全国工会学习贯彻习近平总书记在庆祝中国共产党成立100周年大会上的重要讲话精神座谈会上提出的明确要求，把学习贯彻习近平总书记重要讲话精神作为当前和今后一个时期的首要政治任务，精心部署、抓紧抓实，领导带头、以上率下，组织广大职工和工会干部迅速掀起学习、宣传、贯彻的热潮，以实际行动把总书记的重要讲话精神落到实处。会议指出，要将学习习近平总书记重要讲话精神与学习习近平总书记关于工人阶级和工会工作的重要论述结合起来，与开展党史学习教育结合起来，进一步加深对党百年奋斗的光辉历程和伟大成就、中华民族伟大复兴的光明前景的理解，加深对党的工运事业发展规律性的认识，紧密结合工会工作实际，推动重要讲话精神入脑入心入行，落实到工会工作各方面、全过程。要面向职工群众做好宣传工作，发挥工会媒体作用，运用工会阵地，在广大职工中宣传习近平总书记重要讲话精神的重大意义、精神实质、丰富内涵和实践要求，团结引导广大职工群众更加紧密地团结在以习近平同志为核心的党中央周围，满怀信心投身全面建设社会主义现代化国家的伟大实践。

7月19日，中华全国总工会党组理论学习中心组在长辛店二七纪念馆开展集体学习活动，专题学习习近平总书记“七一”重要讲话，学习习近平总书记关于工人阶级和工会工作的重要论述，落实王东明同志要求，进一步推动党史学习教育走深走实。中华全国总工会党组书记、副主席、书记处第一书记陈刚主持专题学习会议并讲话。党史学习教育中央第十三指导组组长张德霖到会指导。与会成员围绕学习贯彻习近平总书记“七一”重要讲话和关于工人阶级和工会工作的重要论述，学习党史、工运史等主题热烈讨论发言，交流学习体会。大家一致认为，要在学深悟透上下功夫，牢牢把握习近平总书记“七一”重要讲话的精髓要义，领悟其中蕴含的深厚政治分量、理论含量、精神能量、实践力量；在结合贯通上做文章，把学习贯彻重要讲话精神作为党史学习教育的核心内容，与学习习近平总书记关于工人阶级和工会工作的重要论述结合起来，真正做到融会贯通；在知行合一上求实效，牢牢把握我国工人运动时代主题，把学习贯彻重要讲话精神同落实中国工运事业和工会工作“十四五”发展规划重点任务结合起来，不断提高政治判断力、政治领悟力、政治执行力，增强“四个意识”、坚定“四个自信”、做到“两个维护”，牢记“国之大者”，为实现亿万职工对美好生活的向往不懈努力。

后 记

中国共产党成立一百年来，领导中国工人阶级和全国各族人民走过了艰辛而光荣的历程，取得了革命、建设、改革的伟大成就，根本改变了中国的命运和面貌，实现了中国人民从站起来、富起来到强起来的伟大飞跃，中华民族伟大复兴的壮丽前景愈来愈清晰地展现出来。为了回顾一百年来中国工人阶级的历史，激励广大职工坚定不移听党话、跟党走，发挥工人阶级主力军作用，在全面建设社会主义现代化国家新征程上建功立业，我们编写了这本《中国工人运动一百年大事记（1921 年 7 月—2021 年 7 月）》。

本书在编写过程中，以党的十九届六中全会通过的《中共中央关于党的百年奋斗重大成就和历史经验的决议》为遵循，参考了《中国共产党的一百年》《中国共产党一百年大事记（1921 年 7 月—2021 年 6 月）》《新编中国工人运动史（修订版）》以及《人民日报》《工人日报》等有关材料。

本书存在的缺点和不足，恳请广大读者批评指正。

中国工运研究所

2022 年 8 月